講談社文庫

地球を肴に飲む男

小泉武夫

講談社

地球を肴に飲む男

目次

はじめにひとことごあいさつ

人は私のことを「食の冒険家」などとかっこよく呼ぶことがありますが、実はそのほかにさまざまな呼ばれ方、渾名《あだな》もあるのです。

「ハイエナ」、「リカオン」、「タスマニアデビル」といった動物名のほかに、「歩く胃袋」、「走る酒壺」、「味覚人飛行物体」、「発酵仮面」といった行動的視野を含んでいるもの、「ヨップロイ」（「酔っ払いのプロフェッショナル」の略といわれています）、「じょうじ」（情事ではなく「醸児」、つまり酒を醸《かも》す奴のこと）、「口門様」といった、やや高尚で哲学的な感じのするもの等々であります。

ちなみに「口門様」とは口と肛門とが直結しているのではあるまいか、といった解剖学的視野から付けられたものですが、しかしこれは、どう見ても高尚とは言えませんなあ。

とにかくこの私は、あれを食いたい、それも齧《かじ》りたい、そっちも飲みたい、こっちも舐《な》めたいと思うと、どこにでも飛んで行くタイプの食の行動家なのでありますが、その行動範囲が日本にとどまらず、世界津々浦々にまで及んでいるあたりが評価されて、このように多くの渾名を拝受したものと存じます。人は何ごとにも、一生懸命にやればこのように嬉しく評価されるものです。

さて、旅というのは、独りで気楽に行く場合と複数人と行く場合がありますが、私の場合は独り旅が好きでございます。第一、とても気楽ですし、その上、勝手な行動をいくらでもとれますし、さらには好きな食べものや酒を自由に選んで楽しめるからです。

中でも、そのような単独旅行の時の最大の友は酒でありますなあ。酒は私の旅にとって大切な伴侶なのです。でありますから、いかなる旅に於いても、手には必ず酒をぶら下げて歩き続けています。嬉しい出合い、淋しい山小屋の中、飛び入りして入れてもらった楽しい野外パーティー、悲しい別れ、美しい砂浜でカモメと共に海を見つめて「馬鹿野郎!」と叫んだ……な、なんだぁ?　急に漫画的になったりして。

とにかくいかなる旅の場面でも、その土地に根付いて生き続けて来た酒というものほど似合うものはございません。よく、「酒は生きものだ」ということを言いまするが、実はそれは本当なのです。酒は、生まれた環境も大切ですが、それよりも、育つ環境の方がずっと重要な点も人と同じですし、優しい、固い、きつい、上品さ、下品さ、うるさい、静かだ、甘い、粋さなどといったさまざまな性質を持つのも人と同じであり、また生娘《きむすめ》、熟女、粋な痩せ身、豊満、小股の切れ上がった、といった女性に表現できる品質を持っているのも酒が人たる所以《ゆえん》です。

ですから私は、どんな旅でも酒という生きている伴侶を脇に置いて、それに語りながらチビリ、ゴクリと私の体の中に入れていくのであります。つまりこのことは、この酒という、もうひとつの生きものが、私の体の中から私と一緒に地球を見るということになります。こうして見る地球の素晴らしいこと、美しいこと、迫力のあること。これぞ「地球を肴に飲む男」の真骨頂なのであります。

こうして酒を伴侶に旅をして参りましたが、やはり、旅の嬉しさと申しますのは、何といいましても人との出合いであります。例えばこの本に登場する人物の中に、「八溝《やみぞ》の義《よ》っしゃん」という愛すべき友人がおりますが、この義兄貴《よしあんにゃ》ほど旅に似合い、酒に似合う人は他にありますまい。

とにかく何ごとにも臆さず、酒をこよなく愛し、旅に憧れを抱き、常に明るく、爆笑人間であり、喧嘩も強く、何でも食って、人もいい。このような人物だからこそ、いくら単独旅行の好きな私でも、両手に酒をぶら下げてアンデスの山の中を歩き、中国の自由市場を闊歩し、地中海の青い海に目を痛めながら、捩《ねじ》り鉢巻《はちまき》にニッカーボッカーズ（ニッカズボンのことです）姿の義兄貴と酔中旅行を致すのであります。

とにかく、私にとって「旅」とは、人との出合いであり、酒との対話であり、肴との巡り合いであって、その背景に地球という舞台がある、といった観念なのであります。そのあたりをこの本では、私の筆の赴くままに書き誌《しる》してみました。従って本書は、旅と酒と肴と人との出合いの好きな読者に捧げるものであります。

愉快な酒は豪快な人生から

酒は楽しく賑やかに

酒というものをネオンの街で飲む時に、独り淋しく背中を丸めて飲むなんざぁいけないことです。女に振られた、競馬でとことんすった、上司からいじめを喰った、女房にバレた、会社を首にされたなどという時には確かに独り酒というのは似合いそうなのでありますが、その後ろ姿がいけません。見るものにまで侘《わび》しさを感じさせてしまうからです。とことん飲んで、ワイワイ騒いで、嘘八百集めて話して、大いに笑って、最後に皆を煙《けむ》に巻いて、あっという間に消えてしまう、そんな酒飲みが私は好きです。

大酒飲みを長く続けてきて気づいたことですが、酒というものは正直なもので、そこにいる酒客が粋な奴ですと、いくらでも飲めます。

話のどでかいダボラ・カー

横浜は野毛山の下の福富町歓楽街。その一角の大岡川沿いに猫の額ほどの飲み屋が延々と並んでいる嬉しい通りがありまして、その端の方にダボラ・カーさんの屋台があります。

店を開くのは大体夜の八時ごろですが、一杯飲み屋だけありまして最初に出す突き出しが酒によく似合います。斜めに切ったゴボウと手ちぎりコンニャク、角に切った木綿豆腐を鍋に入れ、ひたひたの出し汁で煮て、醬油、味醂《みりん》、酒で味を整え、さらに煮続けて煮汁がなくなった時にたっぷりの削り節を入れてから、からめるように炒《い》った素朴な肴です。ゴボウにかつお節のうま味が染み込んで絶妙ですし、豆腐とコンニャクの対照的な口当たりが快いのです。

私がこの屋台にふらりと行って座ると、ダボラ・カーはニヤリと笑って、黙ってこの突き出しを丼に半分ほど出してくれます。そして、コップに焼酎を満々注ぐと、「あらよっ！」などと言って私の目の前に置く。もちろん、ダボラ・カーも自分のコップに焼酎を満々注いで私に付き合うのです。そのうちにだんだん酒が回るにつれて、話を馬鹿でかくするのがダボラ・カーの酒癖であります。で、私は聞き役に回る次第。

カー「先生よう、こないだよう、久しぶりに六本木に行ってきたんだけどよう、その時の話、てんで面白いんだ。聞いてくれるかい?」

私「ぜひ聞かせてもらいたいものだね」

カー「外人の女二人を相手に一戦を交えてね。それがなんと四時間にも及んじゃったのよ」

と、まあこんな具合でとにかく話がでかい。コップの焼酎はもう空になっていますので、また満々と注いでからどでかい話が続くのであります。ある時などは内閣総理大臣と二人仲良く肩を組んで写真を撮ったとか、一日四回、競馬で万馬券を当てたとか、郷里の愛知県へ行き帰りする時、JRの切符なんて買ったことはないとか、三度ほどNHKテレビの食べ物番組に引っぱり出されたんだけど、意外に出演料が高かったのには驚いたとかと、だんだんそんな駄法螺《だぼら》になっていくのであります。

とにかく、実に嬉しい酒飲み相手ですから、こちらの焼酎のコップの方もどんどん空になる次第。まったく憎めないほど他愛のない人なのです。

ひと昔前、外国映画の俳優にデボラ・カーという女優がいました。この女優と福富町のダボラ・カーさんとは全く関係ありません。ダボラさんの姓名はイニシャルでは

K・K。ですから「駄法螺のカーさん」、すなわちダボラ・カーというニックネームを私が秘かに付けただけのことなのです。こういう人が相手ですと、本当にいくらでも酒が舌を滑っていきます。

好ましい酒飲みの条件とは?

酒が似合う面白い奴、凄い奴といえば、私が学生時代、渋谷の小便《しょんべん》横町の屋台で知り合った八溝の義っしゃんもその一人です。二人で飲むと、いつも私を煙に巻いて笑い転がらせ、グビグビ飲んではあっという間に消えてしまいます。八溝山地の寒村から出てきた義政《よしまさ》さんなので八溝の義っしゃんなのです。都内の私立大学の経済学部を学費滞納と就学意欲欠如により退学したと言っていましたが、彼とはその後、ずいぶん飲みました。

心が広い、裏がない、酒癖がいい、明るくさっぱりしている、話題が豊かで面白い、酒を強《し》いない、威張らないといった私の好きな酒飲みタイプの全てを兼ね備えていましたから、私と盃が合ったわけです。

ある時、例によって八溝の義っしゃんと賑やかに飲《や》ったのですが、その後はまったく私の前に姿を現さないばかりか、人の噂では東京から消えてしまったという事でした。何か特別の理由があっての事なのでしょうが、迷惑をかけるからと、何ひとつ仲間に言わずに消えてしまったのは義っしゃんらしかった。

ところがその三年後に、偶然にも京都市内でバッタリと義っしゃんに会いました。私は彼にまったく気づかなかったのですが、義っしゃんの方から大声で呼びかけてきたのです。それも、昨夜《ゆうべ》、酒場で別れたかのような口調で「おーい！　醸児《ジョージ》！　元気で何よりだなあ。今夜あいてはるか、一杯やらへんか」

醸児とは、私が自己陶酔して付けた自分のペンネームですが、義っしゃんはいつも私をこの名で呼んでくれました。八溝のズーズー弁が三年経ったら立派な京都弁に変わっていました。

私が彼に気づかなかったのには理由《わけ》があって、実は頭をツルツルに剃っていて雲水、つまり行脚僧《あんぎゃ》だったからです。なぜ仏門に入ったのかなどという野暮なことは聞かないことにして、さっそくその夜、京極の裏通りにある小さな焼き鳥屋で久しぶりの一献を交わしました。義っしゃんはこの店の常連らしく、店のおやじとはツーカーで、このヤクザ風の行脚僧が椅子に座ると、おやじは何も言わずにレバーの塩焼き三本と、コップに盛っ切り一杯の安酒、それにネギの串焼き三本を出しました。

「葷酒《くんしゅ》山門に入《い》るを許さず」とは、仏道修行の厳しい戒律で、酒やニンニク、ネギなどというものは僧には許される筈《はず》がないのに、彼にかかるとこの始末なのです。その夜は心いくまで飲って、修行僧の戒律の厳しさというのはいかに尊い苦しみなのか、などを義っしゃんに説法されて、別れました。そして、また三年ほど経ったある冬の夜、八溝の義っしゃんは突然電話をかけてきました。

「今、お前の家の近くの横浜駅にいるから、これから飲まないか」

駅の近くの小料理屋を教え、そこで待っているように言って私は出かけました。そして何とびっくりしたことか。彼の坊主頭は今度はフサフサになっていたのです。今、何をしているのかと聞いたらば、何とモデルだというのです。モデルという職業にはいろいろあるもんだなあ、とその時にわかったのですが、義っしゃんはメンズヘアーのモデルだそうです。つまり男性用鬘《かつら》のモデルなんです。仏門の厳しさに挫折し、そのツルツル頭で求人会社の面接に行ったそうです。新聞の求人欄を見て、その会社の営業マンに応募したわけですが、会社側は義っしゃんのツルツル頭に目をつけました。そして入社試験一発合格。めでたく義っしゃんモデルが誕生した次第。その夜も心いくまで飲りまして、別れてまたもや三年ほど過ぎたころ、突然私のところに電話をよこしました。

「今渋谷にいるから来ないか。一杯飲ろう」

行ってみると今度は彼の頭はチリチリのパンチパーマになっていました。今何をしているのか聞くと、一瞬口を濁らせましたが、しかし小さな声で言いました。

「猥褻《わいせつ》写真誌出版社の専務だ」

とにかく八溝の義っしゃんの頭の毛はいつも休まることを知らずに、刈られたり剃られたり、かぶせられたり縮れさせられたりしているのです。その夜も二人でガブガブ浴びて別れました。

神出鬼没の酒飲み現る

話は一変してギリシャに行った時のこと。アテネからトルコのイスタンブールまでエーゲ海沿いに汽車に乗って三十時間、アレキサンドロポリスという小さな港町で下車しました。その街のレストランで、ガリーデス・メ・サルツァというギリシャ料理を地酒で飲りながら食べたんです。エビとチーズでつくったシチューなのですが、トマトソースの赤色がベースとなっていましたから、ペルシャン・ブルーの海と実によく似合う料理でした。アテネからは酒友で酔狂なドイツ文学者佐々木翠教授が一緒しました。

まずはレッツィーナだ、次はサンタ・ヘレナだ、今夜はドメスティカだ、そしてカステル・ダニエリスだと、歓喜しながら次から次にギリシャワインを飲んでいました。かなり酔いが回ってきたとき、ボーイが一人やって来て言うのです。

ボーイ「あなたたちは日本人か？」

私　「そうだよ」

ボーイ「この町に日本人が一人働いている。俺の友人だ。よかったら今呼んでやってもいい。会ってみるか？」

私　「そりゃ嬉しい。こんな小さな町で日本人に会えるなんて」

一時間ほどしてその日本人がやって来ました。私、目を白黒させてひっくり返りました。現れましたのは八溝の義っしゃんです。頭に捩り鉢巻をして、ゴム長靴履いて、耳の隙間に煙草を一本挟んで飄々《ひょうひょう》と現れたのです。本当に義っしゃんなんです。

でも義っしゃんは別段驚きもせずに、超然としています。そして、つい二、三日前に別れたかのような口調で言いました。

「俺な、今この近くの漁港でエビの買いつけしてんだ。……金になるよ。何飲んでんの？　ワイン？　駄目駄目そんなの。ウゾにしなさい。ウゾに。この酒なら強いから飲んだ気するよ」

そしてボーイに自分のコップを持ってこさせ、ウゾを瓶ごと一本注文し、三人で飲み直したのでありました。本当に凄い奴がいるものです。

ひょっとしたらこの次は、青森県下北郡風間浦村とか、パタゴニアのメダノサ岬だとか、アラスカのフェアバンクスだとか、中華人民共和国黒龍江省《ヘイロンチアン》哈爾浜《ハルビン》だとか、沖縄県島尻郡南大東村あたりで八溝の義っしゃんと飲っているかもしれません。

中国に幻の酒を捜す

百年前に消えたはずの酒

今からおよそ百年前に、この世から消えた奇妙な酒が中国にあるというので、それを捜し出して一体どんな酒であったのかを調べてみましょうと、出かけたことがあります。上海から飛行機に乗って行く予定でしたが、出発時間になっても搭乗手続きがない。どうしたのかと聞くと、乗って行く飛行機がまだ一七〇〇キロも離れたハルビン空港を出ていない。それも今飛んでくるのか、明日になるのか判らないというのでありました。

中国を旅すると、こんなことがよくあるんですが、それにしてもおおらかというか、本心からいえば旅人軽視というか、まあそんなとこですねえ。こりゃ飛行機はあきらめた方がよいわいな、ということになり列車に切り換えました。

飛行機で五時間もかかるところを汽車で出発したわけですから、あとはもう時間と一緒の流れ旅。ただひたすら窓の外を去っていく景色を見ては、火のような白酒《パイチュウ》をグビリ、ひと駅に一時間十五分も停まりやがって、と愚痴の幾つもこぼしながらコピリと飲《や》って、めざす貴州《コイチョウ》省の省都、貴陽《コイヤン》市に着いたのは翌々日の朝でした。

その幻の酒とは「満殿香 酒《マンデエンシャンチユウ》」というもので、中国では昔から伝説的に語り継がれてきた奇妙な葯《やく》（薬）味酒であります。

今から百年前までは漢方医療に使っていた酒だということですが、どういう訳かこの世から姿も匂いも消してしまいました。とにかく、貴陽市の酒廠（廠とは工場のこと）を何軒となく訪ねて捜してみたのですが、いくらがんばってみても全く手がかりさえつかめない。博物館に行ったり、古老に聞いても、そんな酒の存在すら知らないのです。こりゃあかんな、百年前の話などまともに聞いてくれる奴などおらんな、とあきらめていましたらば、宿泊先の人民招待所に朗報が入りました。前日に訪ねた貴陽市の酒廠の工場長から、隣町の花渓《ホワシー》市の古い酒廠にその酒が三本だけ残っているという情報です。

私は片目をつぶってウインクし、指をパチンと鳴らし得意のポーズをとりました。これが私の喜びの表現という訳。

服にも匂いが染み込む

翌朝、早速その酒廠を訪ねました。総廠長、つまり工場長がその酒三本を前にして私を待っていました。貴陽酒廠の工場長からすでに連絡が来ていたらしいのですね。

さて、その酒は白磁の壺のような容器に入っていて、栓はしっかりと泥石灰のようなもので固められていて威厳がある。三本のうちの一本を、中日友好学術交流のためにと言って、分けてもらうことに成功し、早速それを宿泊所に持って帰り、とりあえずその酒についていた効能書に目を通してみました。

そこに書いてあった事がすごいのですぞ貴方。先ず酒に浸された葯材がびっしりと書いてあって、数えてみたら何と八十三種の漢方薬や香木。白檀《びゃくだん》、白朮《びゃくじゅつ》、丁香《ちょうじ》、当帰《とうき》、白芷《びゃくし》、桂心《けいしん》、沈香《じんこう》、薫陸香《くんろくこう》、零陸香《れいりょうこう》などの植物香と、麝香《じゃこう》や竜涎香《りゅうぜんこう》などの動物香なのです。

説明によるとそれらの香料（葯材）を少量ずつ混ぜ合わせてから搗《つ》いて粉末にし、これを布袋に入れてから何年も酒に浸す、というのですね。酒には白酒を使っている。白酒といっても白く濁った酒ではなく、透明に澄んだ蒸留酒、つまり日本の焼酎のことだと思えばそれでよいのですが、ただし中国の白酒はアルコール度数が五〇度とか六〇度とか、とてつもなく高いので、葯材からの薬効成分の抽出にはいいのでしょう。

この酒には効能書のほかに小さな白磁製の杯も付属していました。なぜこんな杯まで付いているのか不思議に思いましたが、とにかくその効能書を読み進めていくうちに、私の頭はまたもやびっくり仰天してしまい、目を回すような気持ちになっていきました。

中国には昔から、事をたとえて言う場合に非常に大袈裟に表現することがあります。例えば、「白髪三千丈」だとか「船頭多くして船山に登る」だとかです。ところが、この満殿香酒の効能書を見てみますと、そこにはやはりもの凄いことが書かれていました。次のようなことです。

「この酒を、付属の小さな杯で朝晩の二回飲み続ければ、五日目には体から香の匂いを発し、十日目には着用している衣服にも香の匂いが染み込み、風上に立つとその佳香に風下の人が気付いて香を嗅ぎにやって来る。十五日目では住んでいる家からも香の匂いが漂い、二十日目となると手や顔を洗った水や浴場にも香の匂いがいつまでもつくようになり、二十五日目には子供を抱くと、その子にまで佳香が移る。そして三十日目、あなたの体から全ての病気が抜けてしまい、元どおりの健康な体に戻る」

すごいですなあ。満殿香酒は万病の特効薬だったのです。まさに「簞笥《たんす》にゴン」の原理なんですね、これ。簞笥に樟脳《しょうのう》を入れる。服の布地を食べる悪い虫は樟脳の匂いに負けて簞笥を出る。だから服は虫に喰われない。病人が満殿香酒を飲む。病を起こす悪い菌や虫や悪霊は香の匂いに追い出されて外に出る。だから病人は治る。中国特有の漢方の、原点を教えてくれるような話ですね。私、この酒を日本に帰って来て飲んでみましたら、翌朝の小便、本当にお香の匂いしました。

夜の営みに人気のあった酒

中国の葯（薬）味酒の話が出たので、ついでにいま少し述べておきましょう。

とにかく中国には薬用酒が非常に多く、三千種類を超すとまで言われているのです。それは、漢方医学発祥の地、中国では昔から医・薬・酒の三者の関係が大変密接であったからで、漢字の「醫」という字は「匸《はこ》」（匸）の中のメス（矢）を手に取ること（殳）」の意と「酉」（酒）の意の組み合わせからなっていることをみても、医術と酒の関係は深いのです。体の内部に病気が発生した。それっ！　腹を裂いて患部を切り取ってしまえっ！　なんて今のような治療はしなかった。酒に葯材成分を抽出し、それをあたかも手術用のメスにたとえて、そのメスを酒に運ばせて患部を治療していたんですよ。

　とにかくそんなわけで、三千種を超す薬用酒の中で満殿香酒以外にも私が感心した酒を幾つか紹介しておきましょう。

　先ず子供の夜尿症に効くという「紫酒《ツイチュウ》」という奇妙な酒は、鶏糞の白い部分だけを取り出し、これを乾燥させてから少し焦がして酒に加え、太陽の光に当てると紫色の酒になるのだそうです。よくもまあ、こんなことまで研究した人がいたものですねえ。本当に感心させられました。

　糞を使うといえば「蚕沙酒《ツアンサアチュウ》」というのも知られていて、これは蚕《かいこ》の糞を酒に浸して一日一回必ず振って二年熟成させた酒なのですが、それが何に効くと思いますか？何と強壮酒なんです。本当に効くのかどうか確かめていませんが、びっくりしました。

　強精酒で有名なのは「至宝三鞭酒《ツーパオサンビエンチュウ》」。海狗すなわちオットセイと広狗（山オオカミ）、梅鹿（鹿の一種）の三種の動物の睾丸を高粱酒《カオリャンチュウ》に漬け込んだ酒です。

　昔の貴族の間で大いに支持されていたのは、碇草《いかりそう》や枸杞《くこ》、木天蓼《またたび》など精がつくといわれる草木根三十余種を厳選・調合して、これを酒に浸して長期間熟成させた「強根《ジャンゲン》酒《チュウ》」です。この酒は伝説的といっていいほど効く強精酒のようで、若い独身男性で活力のほとばしる奴などは、この酒を見ただけで鼻血が出たと言います。とにかく夜の営みに人気のあった酒で「朝の一杯は夜の三回」といったキーワードがあったくらいなんですから。

強壮酒として最も有名なのは何といっても「虎骨酒《フークウチユウ》」というやつ。古書によりますと、その正統は骨付きの虎の脛《すね》肉を黄色になるまで培《あぶ》ってからこれを砕き、麹《こうじ》とともに百種を超す生薬などと仕込むものだとあります。近年では虎骨を白酒に浸し、これに多種の生薬を加えて簡単につくれるようになったということです。

だけど、どうも怪しい。虎なんてどんどん数が少なくなって絶滅寸前だというのに相変わらず中国の大きな街に行くと今でも虎骨酒が売られているのです。そこで調べてみましたところ、やはり本物の虎の骨の入っている酒は非常に古いもので、値段もとび抜けて高く、街で売られている安いやつは、虎の骨のかわりに、なんと猫の骨を使っているのだということでした。

チーズに女の一生を見る

チーズはこうして発明された

人間は確実に感情をもった唯一の動物であるがゆえに、哺乳類の中でひとり他の動物の乳を横取りして飲み、そして加工して食べることを大昔からしてきた、いけない生きものです。最初に飲んだ乳は、人間の近くにいて、乳房が魅力的なほど巨乳を誇る野生の山羊ベゾアールやマーコールでした。今から一万年以上も前のことです。この山岳山羊を何頭も捕らえてきて、すぐに潰して肉を食べることなく、たっぷりと草を与えてやり、狼からも命を守ってやりました。

人間の腹黒い魂胆を見ぬけない山羊たちは、この手厚いもてなしに感涙し、そのうちに乳を搾取されても怒らず、使いものにならなくなったら肉にされて食べられてしまうのに、「これは物事の筋道なのだ」と悟ったのか、諦めてしまいました。こうしてつまり、家畜化されたわけです。牛はもっと後になってから同じ運命をたどりました。

そのうちに人は、搾取しすぎた乳を加工して、保存食としてチーズを造りました。山羊や羊の胃袋を乾燥させて作った袋の中に搾取した乳を入れておきますと、胃袋に残っていたレンニンというタンパク質凝固酵素と乳酸菌の作用で、乳は塊となってチーズができたのです。

それから何千年もたって、チーズは地球の隅々にまで広まりました。地球上、どこを旅しても、地酒とチーズは大体手に入ります。旅で出合ったチーズの話でもいたしましょう。

ぬめりくる妙味と怪しき姿

私は発酵学者というわけで、地球上のどこを旅しても、訪ねた国々の発酵食品には強い関心をもって接してきました。中でもチーズはその恰好の対象物です。味が嬉しい。見た目が怪しい。そして匂いがきわどいからです。

味が嬉しいのは、奥深いコクと酸味に絶妙のバランスがあって、その上、歯ごたえというか、口の中の感触というのか、そのあたりにぬめりくる妙味があるからです。

見た目が怪しいというのは、日本にいてただじっと座ってチーズを食べている人にはわからないことですが、トルコやブルガリア、ユーゴスラビアあたりの田舎のチーズ屋にでも行きますと、とにかくそのあたりがよくわかるのです。これが本当に食べものかいな、食っても大丈夫かいな、と疑いたくなるほど、それはものすごい姿をしている。

チーズ全体が何種類もの毛カビに被《おお》われていて、赤や黒や灰や青や黄色の混じったカビの塊になっているんです。ただひたすら全面がカビ、カビ、カビだらけ。過激ですな。中のチーズはカビで見えません。それを手にとって、プッと息を吹きかけてみると、またまた凄いのなんの。カビの胞子がワァーと飛び散って、顔中に返ってくるわ、店の中がカビで曇るわ、鼻の穴に胞子が入ってクシャミが出るわ。

ところが店のおっさん、涼しい顔して手でパタパタとカビを払い、「こりゃうまいぜ」とかじったりしています。とにかく、怪しいというより恐ろしい、やばいといったチーズもこの地球上には多いのです。

そしてきわどいほどのあの匂い。好事家に言わせれば妖しいほどのあの匂いこそ、実はチーズの最大の特徴なのでありますが、その匂いの本体は酪酸《らくさん》やプロピオン酸、カプロン酸といった有機酸で、チーズの表面につく酵母とバクテリウム・リネスという細菌が作ります。

娘はミルク、花嫁はバター、女房はチーズ

そんなチーズの匂いに関して、フランスには次のような小咄《こばなし》がある。
――戦陣で疲れてお休みのナポレオン・ボナパルト皇帝、作戦会議が始まろうという時間なのになかなかお目覚めに相成らぬ。そこで一計を案じた侍従が、やおらこれぞと思う食卓のチーズをひとかけら持ってきて、寝ている皇帝の鼻先につきつけた。するとナポレオン、「おお、ジョセフィーヌ！」と叫んで起き上がり、まだ寝ぼけた眼で「今夜はもうこれでよい。余は疲れた」と言ってまた寝てしまった。――

その種の匂いのチーズ、すなわち大概の大人ならついニヤリとするような猥褻性のあるチーズの代表は、何といいましてもリンブルガーという名のベルギーのチーズでありましょう。中世の修道僧がリエージュの東、すなわち今のドイツとの国境に近いリンブルクで造ったのが最初だったのでその名があるわけですが、同じ地方のエルヴェという名のチーズもリンブルガーに負けないほどの立派な臭みを持っています。そのチーズを注文して、黒パンとワインで一杯飲っていましたら、一緒に行ったドイツ人の友人が肩をつぼめ、小さな声で言うのです。

「わがドイツにもこれに負けないほどの臭みを持っているティルジッターというチーズがあるが、ドイツの紳士はそれを外で食べたらその後よく口をすすいでから帰宅することになっている。奥方にあらぬ疑いをかけられると困るからね」

と嘯《うそぶ》いて、私をからかったのでした。

洒脱《しやだつ》酔狂なドイツの粋人ペネルが、乳やその加工品の匂いを女性の匂いに形容して「娘はミルク、花嫁はバター、女房はチーズ」と言いましたが、そのティルジッターはまさにその「女房のチーズ」にあたるものなのでしょう。それにしても、日本の出世魚の呼び名の如きこの形容は誠に面白いものでありますねえ。

そういえば、南ドイツに旅した時に出合ったハントケーゼというチーズ、そしてイギリスで食べたスチルトンというやつ、イタリアのボローニャで味わったゴルゴンゾラというやつもナポレオンが錯覚する手合いのチーズでした。

また、フランスのプロヴァンスのボークリューズで見た石壺に入ったチーズも珍しかったものですから、今でも覚えています。山羊の乳を原料として造った、実に強烈な臭みのあるチーズで、そのあまりの臭みに近づく者もないというので、それでは少し匂いをやわらげてやりましょうというわけで、そのチーズをブランデーに浸したフライヤの葉に包んでから石壺の中でさらに二ヵ月間熟成させ匂いを落ち着かせたものです。前にあった あの強い臭みはすっかり消えて、かなりマイルドな風味に変わっていました。さしずめ女房が娘に若返ったようなものだと思った次第です。

ベリーダンスのヘソの形をしたチーズ

一口にチーズと申しましても、この広い地球上には何百種類ものチーズがありますから、その中にはドキリンコとする匂いのものや、あまりにも美味なのでペロリンコと平らげてしまうものもありますが、形にも実に奇抜なものがあったりします。例えば、フランスのチーズに山羊乳で造ったベリーというのがありますが、その形はまるで馬糞そのもので、もしこれを路上に数個置いてみたとしても、おそらく誰一人として疑う者はありますまい。

トルコではハニーム・ゲベイというチーズを見てニヤリとしました。このチーズは、腰を激しく振ったりして踊る、あのベリーダンスの裸の踊りの娘のヘソと全くそっくりの形をしたものだったからです。このチーズも目で見て、鼻で匂いを楽しみながら殿方諸君は想像をかきたててグイーッと一杯ひっかけるのであります。

一方、スペインのヴィラロンというチーズは「ラバの脚」と呼ばれている大型で丸長の太いチーズであります。これをスペインの女性たちが持ち運びしているのを見て、やっぱりここでも男たちはニヤリといたします。勿論、ラバの脚とはラバのいま一方の脚というわけなのです。

トルコのエルズルムという山岳地帯の街で見つけましたトルームチリというチーズには圧倒されました。何せものすごくでかい。おそらく世界一大きなチーズはきっとこれでありましょう。大型の山羊のまるまる一頭分の皮袋を使って、はち切れんばかりにチーズを発酵させた代物です。チーズができあがると、巨大な太刀でその皮袋ごと切り裂いて取り出していました。豪快そのものでした。

そのトルコで、私がド肝を抜かれたチーズがありました。イスタンブール郊外のチーズ屋に行った時、例によってカビだらけのチーズがありまして、それが実に硬いのです。息を吹きつけてカビを飛ばしてやり、現われたチーズをよく見ると幾つかの穴があいている。そのうちにその穴の中に何か蠢《うごめ》くものがあるのです。何だろうと思って、手に力を加えて二つに割ってみたところ、中からゾロゾロとウジ虫のようなものが出てまいりました。日本なら、大さわぎをして製造会社に文句をいおうというものでしょうが、本場のトルコでは決してそんなことはしない。這い出してきて逃げようとする虫なんぞに見向きもせずに、ひたすらそのチーズに熱い眼差しを向けて貪《むさぼ》るのであります。

虫を肴に酒を飲む

虫の出し汁が酒を丸くする

メキシコを旅していて、酒屋に入りますと必ずといってよいほど目にする酒にテキーラがあります。竜舌蘭《りゅうぜつらん》という巨大な植物の球根を植物腐朽菌で分解、それを酵母でアルコール発酵させてから原始的な単式蒸留器で蒸留した酒です。

とてもアルコール度数が強い上に、荒々しい味の酒ですので口に入れると舌がピリピリ焼ける。そのピリピリの舌をなんとか騙《だま》して、とにかく酒を飲もうとするために、酒の肴に塩を嘗《な》めるわけです。すると塩っぽさのために舌はピリピリを忘れますから、酒をスムーズにいただけるという次第です。ところがそのピリピリ酒を、もっと凄い方法で飲みやすくする方法があります。

そこのお父さん、驚いて腰抜かしちゃいけませんよ。なんと、酒に虫の幼虫つまり蛹《さなぎ》を入れるんです。蠅の幼虫である蛆《うじ》虫とか蜂の蛹なんかを入れる。すると酒は、虫の幼虫から滲《にじ》み出た旨《うま》味成分や甘味成分のために味が丸く熟《な》れてくるのですね。

一ヵ月も入れておくと、酒のピリピリは全くなくなって、コクが出てくるんです。こういう風にテキーラに虫を入れた酒を「メスカル」というんですが、メキシコでは簡単にそういう酒を手に入れることができます。テキーラの入っている瓶の中に虫を五、六匹しか入れていないものもありますが、凄いのになると瓶の半分は虫だらけという、何百匹も入れているのもあります。

蛆虫には上品な甘さがある

ある時、田舎に行ってみたら、村の男たちが車座になってメスカルを飲っていたのですが、その飲み方が凄かった。男らしかった。憧れた。

洗面器のようなものの上に笊《ざる》を置いて、その上からメスカルを注ぐんです。すると、瓶の中に入っていた何百匹という蛹は笊にひっかかるのですが、酒は笊の目を通って洗面器に集まります。その酒を瓶に戻してから飲み始めるわけですが、笊に残った虫の幼虫は、そのまま男たちの酒の肴になるんですね。つまり蛹はね、ピリピリ酒を丸い味にするだけじゃなく、実はタンパク質とビタミンが豊富なものですから、酒飲み連中のための絶好の強肝剤にもなっているのです。

優れたその知恵の素晴らしさにつくづく感心しながら、僕も何匹かの蛹を口に放り込んでみました。蛹は、酒の強いアルコール度数のために表皮のタンパク質や膜が変性してしまったのでしょう、意外に硬いのです。そこで、歯に力を入れて潰してみましたらば、蛹は口の中で「プチュン」という小さな音を立てて破裂し、ドロドロとした体液が出てまいりました。

それがお父さん、その味はね、とても上品な甘さがあるんです。何というか甘エビのような、河豚《ふぐ》刺しのような、剣先スルメのような、あの甘味です。そうそう、先程、蛆虫と書きましたが、誤解するお父さんがいると困りますので補足説明しておきますとね、実はそこに使われる蛆虫は大変に上品で貴重な食材なのです。食用蛙や淡水魚を餌にして育てられた極めて清潔な蛆虫ですから、フライパンで空炒りし、塩味をつけたものなどは、とても甘味とコクがあって美味でした。

日本で食べたうまい虫、まずい虫

実はだいぶ前のことですが、僕は奇妙な虫の幼虫を肴にして、仲間たちと日本酒で飲ったことがあります。その虫ですが地方名で「屁臭虫《へくさむし》」とまで蔑称される猛烈に臭いやつで、正式名は臭木椿象《くさぎかめむし》というそうです。間違って手で摑《つか》むか触れただけで、その異様な臭みが移ってなかなか離れません。ですからその成虫を食べるとなるとかなりの勇気が必要となりますが、僕らにはそんな勇気はとてもありません。ところが幼虫は臭みがなく、とても美味だということですので食べてみたわけです。

その幼虫は臭木の木肌に食い込んでいて丸々と太っていましたが、形はちょうど大粒の蛆虫と思って結構です。ピンセットを使って、こっそりと木の穴から引きずり出し、これを丼に山ほど集めて焙烙《ほうろく》で炒りました。少々の醤油で味付けし、焦がさないようにして仕上げて純米酒の肴にしたのです。所は福島県阿武隈山地の山の中。

さてその味ですが、それはもう絶品でした。コクのある奥深いうま味と上品な甘味、そしてマイルドで若々しい脂肪味は至上の珍味と言ってよく、純米酒のコクなど蹴散らさんばかりのものでした。空炒り前には、成虫の異様な臭みがややあったのですが、調理が終わった時には、それは耽美なほどの芳香に変わってしまっていたことが不思議でなりませんでした。

その耽美な蛹を一匹口にするたびに、ぬる燗の純米酒を猪口《ちょこ》で一杯飲むといったローテーションで楽しんだのですが、蛹の数があまりに多かったために、僕も仲間の三人もそのうちに飲み過ぎて酔い潰れてしまいました。

同じく日本で虫の蛹を肴にして飲ったのは信州飯田の天竜峡にある豪農の家での蚕の蛹でした。「体内には新鮮なホルモンがいっぱい詰まっていて、栄養価も大変高いですぞ」なんて前口上が語られたものですから、ついつい嬉しくなって淡味に甘炊きされたものを一四、口に放り込みました。

丸々として大きく、ボリュームもあり、味の方も特有の脂肪味とコクがあってうまいのですが、しばらくすると、ムカッとするような青臭さが鼻についてきて閉口しました。青臭いだけではなく、よく観察してみると獣臭のようなものもあり、また生卵のような生臭さもあって、その臭みがいつまでも口の中に残るものですから、うんざりしました。

そこで、その不愉快な口の中の臭みを一気に酒で流し込もうとしまして、茶碗に注いである日本酒を口に含みました。

するとどうですか、お父さん。今度は口の中の酒までもが青臭くなって、呑み込むにも難儀するという非常事態が発生したのです。しかし、その場でペッと吐き出したのでは失礼に当たりますので、勇気をもって、しかし目を硬く瞑《つむ》ってエイッとばかりに喉《のど》に降《くだ》しました。

ところがです、お父さん。異臭を含んだ口の中の酒や嚙み砕かれた蛹は、喉の先を通りません。喉の中央辺りの食道に踏みとどまって、前進するのを拒否しているのです。

すると、とたんに胃袋の上部の辺りから逆の力が込み上げて参りまして、一度呑み降した内容物が口の中に戻ってきてしまいました。僕は慌てて口を両手で押さえたまま、脱兎《だっと》の如く便所に走りました。

命がけでも食べたい蜂の蛹

つい先日、中国雲南《ユンナン》省の省都昆明《クンミン》市から北東に一五〇キロほど入った村で食べた、巨大な黒スズメバチの幼虫はことのほか美味でした。その時の酒はアルコール度数五五パーセント、強烈な匂いを放つ白酒（蒸留酒）でした。蛹の調理法は、巣から振り落としたものを熱した油の中に入れて、サッと空揚げしてから塩を振っただけのものでしたが、これは本当にうまかった。何のクセもなく、ただ、コクとうま味、そしてボリュームがあって、その上、実によく白酒に合うのです。

とにかく中国という国は巨大なためかスズメバチの個体までどでかい。日本にいるスズメバチのふた回りは大きいから、日本人が見たらきっと仰天します。あんなのにひと刺しされたら、か弱い日本人ならショックで痙攣《けいれん》するどころか、即死するかもしれません。

それもその筈で、この蜂の蛹の料理は意外に値段が高く、ひと皿（二百匹ぐらい）四十元（四百八十円）もするのです。日本の旅行者だから足元を見られたのかな、と思って、「なぜそんなに高いの？」と聞いたら、「この蜂は大変危険なので命がけで捕ってくるから高いのだ」ということでした。今の中国人の平均月給は六百元から一千元ぐらいですから四十元というのは高価な食べものといえるわけですねえ。

この蜂の蛹の空揚げを肴にしていると、アルコール分五五パーセントの白酒でも口の中は辛くなくマイルドになりますから、大いに気に入りまして、結局ふた皿で四百匹ほどと白酒二本を連れのガイドらと平らげました。

世界でいちばんおいしい虫とは？

タイの山の中では、世界最大のカブトムシであるゴホンツノカブトムシを米酒の蒸留酒で飲りました。この虫、非常に大型で一〇センチメートルもあり、気性が荒いのです。夜など人間に追われますと、すごい唸《うな》り声、実は翅《はね》のはばたく音なのですけれども、「ブワーンブワーン」という音で逆に向かってくるほどです。それを捕まえて、翅と脚をむしりとってから、さっと油で空揚げして食べました。

ずしりとした栄養豊かな内臓が圧巻でしたが、はじめは焦げたような特有の虫臭さがあって、その臭みが鼻をつきましたが、そのうちにきつい酒ともよく合って、結構楽しめました。

まあ、いろいろなところで虫を肴に酒を飲んだことのある僕ですが、では一体、どこで味わったものが一番素晴らしかったかといいますと、実は自宅で蜂の子の缶詰を肴に辛口の吟醸酒で飲ったときです。長野県出身の学生が土産に買ってきてくれた「宮内庁御用達」などと記してある恐れ多い缶詰です。

「おや、こういう虫まで皇族のお方はお召し上がりなさるのだなあ」

などと半ば感心しながら、ギンギンに冷やした吟醸酒で飲ったのです。吟醸酒の辛口に煮た蜂の子のほろ甘さがよく合いました。しかし、なんと言っても、吟醸酒という酒の芸術性と、蜂の子という肴のアングラ性とのアンバランスがことのほか痛快な妙味をおびまして、独りほくそ笑みながら、真夜中まで楽しんだ次第でございます。

史上最強の鍋に酔う

忘れられない津軽の鍋

「おっけぱっと」。これ何だと思いますか。

「ぱっと」というのだから、きっとゴルフに関係のある言葉だな、と思ったそこのお父さん、違いますよ。「ぱっと」だからきっと下着の上に付けて肩や腰の形を良く見せるあれだわ、と早とちりしているそこのお嬢さん、これもハズレです。

正解は青森県三戸《さんのへ》地方の鍋料理の名前。大根の輪切りと三角に大きく切った豆腐を大鍋で水煮し、蕎麦粉をこねて広げ、これまた三角形に切ったものをそこに入れて煮る。頃合をみて、味噌に刻みネギを加えてよくかき混ぜた薬味につけて食べるわけなんです。実に素朴な鍋ですが、これを肴に純米酒なんぞで飲りますと絶品なんでありますす。

同じ津軽には、これまた奇妙な名前の鍋料理があります。「じゃっぱ汁」というのですが、この「じゃっぱ」は「おっけぱっと」に比べれば格段に男っぽい、いや骨っぽいとでも申すのでしょうか、あるいは粗っぽいというのだろうか、とにかくそのような鍋であります。

波の華舞う真冬の日本海に一番似合う魚といえば鱈《たら》なのですが、この料理はその鱈を一匹丸ごと鍋に入れて食ってしまうのです。鱈といっても、北洋、オホーツクの助惣鱈《すけそうだら》、つまり、辛子明太子の親のような小振りではありません。真鱈《まだら》といって、大きいものでは体長一・五メートル、体重は実に二〇キロもある巨大魚です。

腹部は大きくでっぷりと膨らみ、口も大きく、大食漢の面構えをしたふてぶてしい奴ですが、これをブツ切りにして肉も骨も鰭《ひれ》も頭も皮も内臓も全部捨てることなく鍋に入れ、豆腐や野菜と共に煮るわけです。内臓、とりわけ肝臓から出るあり余るほどの脂肪のためにギドギドになった豊満な味の鍋であります。

ピューピューと吹雪いて怒濤の如く海が荒れ狂っている鰺《あじ》ケ沢《さわ》の海岸の、小さく鄙《ひな》びた宿屋の二階で、このじゃっぱ汁の鍋を囲んで辛口の純米酒で飲ったあの一夜のことは、私の大脳辺縁系にインプットされ、いまだに喪失いたしません。

とにかくうまかった。丼で五杯も六杯も平らげて、茶碗酒を十杯も十五杯も重ねて、津軽人になりきって、じょんがら節に感涙して、死んだように眠って、朝起きたらば、硝子《ガラス》障子の向こうには昨夜《ゆんべ》の風景とは全く違った、冬に珍しいべた凪《なぎ》の日本海がありました。

フランスで難波の味を思い出す

鍋といえば、ノルマンディーの丘の上にある小さな食堂で、海を見ながら食ったオイルフォンデュは実に楽しかったですよ。緻密で手の込んだフランス料理とは正反対に、まったく粗野な鍋料理だから悦に入ったわけ。

殻をむいた車エビ、生ホタテの貝柱、牛肉、小玉ネギ、固ゆでしたジャガイモやカボチャなどを用意し、それを串に刺してテーブルの中央に置いてある油の入った鍋で揚げて熱いうちにトマトソースをつけて口に放り込むわけです。

まあ言ってみれば日本の串揚げってやつですが、これがまた人一倍渋味の身《み》籠った赤ワインにピッタシカンカンなんです。このフォンデュを楽しんでいたらば、何だか大阪の梅地下や南の道頓堀あたりの串揚げ屋で時々焼酎を飲ったことがやたらに恋しくなりまして、「難波の仙ちゃん元気でやってるかな?」なんて昔ともだちだった串揚げ屋の大将のことを思いうかべたりしました次第。

まあそんなことで、地球を肴に酒を飲んでいますと、「ノルマンディーのオイルフォンデュとブルゴーニュのワイン」と「難波の仙ちゃんが揚げた串と焼酎」の間には賞味感覚上、そう大きな隔たりは無いのであります。ですから今日も天満や天王寺界《かい》隈《わい》の串揚げ屋でチビリコピリと飲っているお父さん、実はここは大阪でなくリスボンだ、リオデジャネイロだ、モロッコだ、アムステルダムだなんて大きな気分になってブルゴーニュのワインにも決して引けを取らない焼酎のお湯割りを堪能して下さい。

「豚チゲ」という鍋を囲んで濁酒《マッコウリ》を飲ったのは韓国の釜山《プサン》にある郷土料理屋でした。「チゲ」というのは韓国の鍋料理のことでありますから、日本風に言えば「豚鍋」ということになります。豚の薄切り肉を豆腐、白菜キムチ、ネギ、ししとうなどと共にコチュジャンと赤味噌で味付けした鍋の汁の中で煮たものです。薬味はニンニク、生《しよう》姜《が》、ゴマ油、醬油、酒などでつくりますが、これを濁酒で飲りますと、鍋と酒とが見事な相性となって、気分と体はたちまち「キムチパワー」ということになります。

「究極の鍋」の作り方教えます

酒の肴に魚の鍋料理。その究極といいますか、私が最も得意な料理としていつも好んでやっているのが「ねぎま鍋」であります。この鍋は、そう高いものにはつかないのが魅力なのでありますが、味わった者はそのあまりの美味《おい》しさに感激して涙を流すものも少なくないと聞きますから、この鍋をやらぬ者は損をみることになります。この鍋の話をこれからいたしまして、御機嫌如何、と伺う次第であります。

まず、この鍋をやるぞと決めましたならば、スーパーマーケットに走ります。そこの鮮魚コーナーで鮪《まぐろ》の刺身を手に入れて下さい。中トロ部です。特別高い中トロでなく、切っていない短冊のパック詰め、あれで結構です。選ぶときのコツは、値段が同じだったならば、なるべく脂肪の混じっている白っぽい奴を選ぶことが食卓での勝利を確実に収める秘訣です。そこのお父さん、よだれなど垂らしていないで、スーパーへ走る準備をして下さいな。作り方を伝授します。

買って参りました鮪を通常の刺身の三分の二ほどの厚さに切り分け、ネギは白い部分だけ斜がけに切ります。また、これとは別に、酒に味醂《みりん》を少し加えて甘味を抱かせ、これに醬油を加えて好みの味に整えた汁を作っておきます。この汁はビール瓶か日本酒の四合瓶のようなものに詰めて、鍋の側に添えておきます。

鍋は底の平たいもので、例えばすき焼きの鉄鍋などがよろしいでしょう。その鍋を火にかけ、まず鍋の底が浸る程度に汁を入れ、煮立ったところにネギを鍋底一面に敷き詰めて並べます。汁はネギが少し被るくらいになる量がよい。

びっしりと隙間なく、真っ白いネギが鍋底一面に敷き並べられているのを見ただけで、食欲はムラムラと発奮しだし、純情な奴は胸キュンと鳴り出し、理性の利かない者などはいやしくもさっそくネギを食べ始めようとしますが、しばし待てよ。いよいよそのネギの上に鮪を数切れ乗せて下さい。そのうちに鍋がグツグツと合図をして参りますから、さすればその上から薬味の粉山椒をパラパラと撒《ま》き、胸の高鳴りを押さえながら、騒ぐ心を平静に戻すといった精神統一をいたします。そして、煮加減よしと見定めたならば、やおら箸をつけるのであります。

鮪にネギの芳香が付き、ネギには鮪の旨みが乗り移りまして、双方が絶妙なほど美味しくなるのであります。

あとはすき焼きをやるようにして、ネギと鮪を上手に仕上げます。汁が少なくなったら、側に添えておいた瓶から鍋に移すなどして、しばし鍋の鮪とネギに舌を踊らせ、鼓を打たせるわけです。

鍋を肴に恍惚に達する

さて、肝心の酒は辛口の日本酒をぬる燗にして飲って下さい。そういう酒でこの鍋を肴に致しますと、まことにえも言われぬほどの喜ばしき感情がこみ上げて参ります。食べているうちに、何もネギを背負ってくるのは鴨ばかりでないのだな、などと気が付く人もいるぐらいです。

「ねぎま鍋」という名前も素朴でよろしい。ネギと鮪の鍋だから「ねぎま鍋」となった次第なんですけれども、こういう名前の付け方は単純でいいですなあ。鮪の代わりに鰤《ぶり》を使えば「ねぎぶ鍋」、鴨であれば「ねぎか鍋」、鯖《さば》であれば「ねぎさ鍋」となります。

でも私はこの鍋に「ひとりよがり鍋」という名を付けて楽しんでいます。他人《ひと》が何を言おうと独り善《よ》がりを決め込んで、この鍋をたった一人で食べても全然淋しくなんかなく、堂々と楽しめるからであります。だからそこのお父さんも、この鍋を一人で食べるときには、思いきりご自分を自画自賛して、少しの間だけ陶酔しきることです。

それこそ、不定愁訴に悩む現代にあっては、ストレスの解消になること、うってつけでありますよ。誰一人として邪魔する者もいない、まったくの一人舞台なのですから、この鍋をつっつきながら「つくづく考えてみれば、俺は会社内で一番女にもてるいい男だなあ」とか、「若い時の俺は裕次郎ばりのタフガイだったが、今はすっかりニヒルになって、平幹二朗か仲代達矢みたいだなあ」などと独り善がりを決め込むのがいいのです。

そのうちに鍋にしびれ、酒に酔いましたら、独り大声を出して歌を歌おうじゃありませんか。そして、その美声に自分で恍惚とした時、この鍋料理は最高潮に達するのです。

昔は粋な酔客が多ござんしたから、吉原に泊まっての朝帰りに、土手八丁とか浅草の川向《かあむけえ》あたりで朝餉《あさげ》をとりまして、熱燗で「ねぎま」とくる者も少なくなかった。ところが、その美味しさはただものではなく、疲れた体も一気に回復いたしまして、気がついてみたらまた吉原に戻ってしまっていたという、まことにめでたい奴もいたといいます。

全開ストリップ・オムレツとは？

フィラデルフィアの市場にビックリ！

ニューヨークの近くにフィラデルフィアという街があります。そこの生鮮市場に行ったときには感動しましたなあ。肉屋が何百店舗もあって、何と魚屋が日本の市場に負けないぐらい多いところなのです。

で、そこのマーケットで買いましたのがむき身の小エビ、生イカ、むき身のアサリ、玉ネギ、グリンピースでありました。それを私が四、五日居候を決め込ませていただいている友人のアパートに持ち込みまして、オムレツをつくらせていただきました。なにせ居候の身でありますから、なんとか主人《あるじ》の機嫌をとらなければという、誠に殊勝な考えからの、立派な行動でありました。

むき身の小エビはそのまま、二センチくらいに切り刻んだイカ、アサリもそのまま、微塵《みじん》に刻んだ玉ネギ、グリンピースもそのまま。うま味調味料で味付けしておきます。これらの材料をフライパンで炒め、塩、胡椒、うま味調味料で味付けしておきます。次に鶏卵五個をボールに割り、これにひと振りくらいの砂糖と塩を加え、さらにうま味調味料と胡椒を振ってよくかき混ぜてから、油をひいて熱くなっている大きめのフライパンにこの卵を入れ、フライパン全面に卵焼きを広がらせます。卵焼きの表面がまだ固まらない程度のときに、先に下拵《したごしら》えしておいた具を一面に撒き、卵焼きの表面が固まりだしたときにフライパンから大皿に移して主人に供しました。

居候、角な座敷を丸く掃き

まあ、オムレツと申しましたが、よく考えてみますとオムレツは卵焼きの中に具が包まれている包み焼き料理でありますが、この料理は卵焼きの表面に具が散らばっているだけのものですので正式のオムレツではない。小麦粉とチーズを抜いて、それを卵で代替したシーフードピザパイのようなものであります。でありますから、見方によっては「片面オムレツ」という人もいるでありましょうし、「なんだ、手抜きオムレツじゃん」といって軽蔑する奴もいるでありましょう。

ははあ、なるほど。手抜きに見えましたか。そういえば「居候角な座敷を丸く掃き」という、居候のするいい加減なさまを譬《たと》えた川柳もあるくらいですから無理もありますまい。実はこの見方はちょっぴり当たっていまして、確かにほんのちょっと手抜き心があったことは否定しません。卵焼きをフライパンの上で、片面だけ上手にひっくり返すなど面倒臭いじゃありませんか。しかしね、本当はそんな単純な発想ではないのです。

ストリップ劇場はなぜ男を引き付けるのか？

「男はなぜストリップ劇場に行くのか」

実はこの簡単なようでいて難しい、難しいようだがよく考えてみると簡単なのだが、しかしやっぱり解らない、といった難問に対する答えが、この「まる見えのオムレツ」の誕生であったのです。嗚呼《ああ》、どうしても見たい、何がなんでも覗《のぞ》きたいといったものが意地悪く故意に隠されたものでありますと、人の願望心理というものは余計に加速されるものなのです。それまで眠たげであった本能がムックリと目を醒《さ》まし、それに津々《しんしん》たる熱き情をふりかけたくなるのが人の性《さが》なのです。

脱がせてみたい、まるまる見てみたい。これ全て男女を問わず常人に潜む願望なのであります。

「そうだ、その通りだ」「御意《ぎょい》！」

などと嬉しそうに首を縦に振っているそっちのお父さん、あっちのお兄さん。解りますよねえ、この心理。

だから卵の皮の中に具など隠すことなどせず、堂々と見せようじゃありませんか。金など取らずに只で見せちゃおうじゃござんせんか。口と鼻で風味といったものまで味わわさせてやろうじゃありませんか。

カクテル光線が射す舞台の上じゃ、見せることで歓びを感じる踊り娘《こ》だっているというじゃありませんか。そりゃ、フィラデルフィアの市場に、丸裸にされてたイカやアサリやグリンピースが、突然美味に化粧させられて、卵焼きという華麗な舞台の上に披露されてごらんなさい。

「ねえ、見て！　見て！　素敵でしょう。さあ、さあ食べてみて！　美味しいわよ！」といって、歓びが全身に出てきて、迫ってくるのは当たり前ということなのです。好事家に言わせれば、さしずめ「全開ストリップ・オムレツ」。ステージから突き出した花道の、右四五度あたりから「イヨッ!!」という掛け声がとび出てきそうなオムレツなのです。

ワインとコーンウイスキーとウォッカで飲る

で、そこで飲った酒がカリフォルニアワインとコーンウイスキーとアメリカ産のウォッカ。

ワインはとびっきり上等なものよりも、軽いテーブル・ワインの方がストリップ・オムレツには似合うと思いましたので、果実香があって新鮮な風味を持つ「ジンファンデル」の赤。それと、やはりフルーティな香味を持つ「グレナッシュ」のロゼを選びました。いずれも非常に安価なワインなのですが、実はどっこい、酸味と渋味が調子いいものですから、ストリップ・オムレツに事のほか合いまして正解でした。

コーンウイスキーはマコーミック・ディスティリング社の「ブラット・ヴァレー」。コーンウイスキーは今日、バーボンに押されて、米国内でも地酒的な扱いしかされていませんが、隠れたファンが根付いていまして、どっこい光り輝いています。ブラット・ヴァレーはその中にあって優良銘柄で、ミズーリ州のブラット渓谷で蒸留し、八年間熟成した逸品であります。樽の焦げ臭さがなく、熱っぽい風味がありますので、ストリップ・オムレツに恰好ではないかと選んだ次第です。

そしてアメリカ産のウォッカには、ヒューブライン社の「スミノフ一〇〇プルーフ」を飲ることにしました。最も大衆的だ、飾り気のないありのままの姿で街に登場する、安価だけれども酔い心地がいい、何よりも透明で透けて見えるところが嬉しいなど、どことなくストリップ劇場の雰囲気と共通したところがありますので選んだ次第です。

妖しげなカクテル光線の炎の色

さて、ストリップ・オムレツが出来上がりましたので、大きな皿の上にドンと乗せましてテーブルの中央に据えました。肴はこれ一品だけ。主人は日本人で、十年も前からこの街に住んでいる依田今朝夫氏。日本語学校の先生で、大酒飲み。

さて酒と肴の相性ですが、まず赤ワインとは視覚で合いました。つまり色彩感覚でです。デン！　と横たわっているストリップ・オムレツを、時には悩ましげに、そして妖しげに照らしているカクテル光線の赤い炎にこのワインが見えるものですからピタリでありました。そして、オムレツを口に含んでから赤とロゼワインを飲りますと、何ともまあ、オムレツのたまらぬほどのうま味とコク味とが、ワインの渋味と酸味にしっぽりと包み込まれまして、いいわよいいわよ本当だわよ、ということに相成りました。

コーンウイスキーはやはり選んでよかった。熟成が素晴らしいのに丸味のある辛さがよくて、それがストリップ・オムレツの濃厚な味とマッチして、こりゃいいわ、ということにやはりなりました。

そして、透けて見える酒ウォッカはそりゃもう理屈抜きで良いのは当たり前なのでありますが、やっぱりこのオムレツを肴にした透明のウォッカには考えさせられましたなあ。濃厚と無垢《むく》、化粧と地肌、重さと軽さ、年増と娘といった、何となく粋な対比感覚が頭の中を次から次に駆け抜けていったものですから、酒が不味《まず》い筈がありません。

渋谷ローズさんの思い出は消えず

そのうちに依田今朝夫先生、かなり酔いがまわってきちゃいました。私がこの料理をなぜ作ったのか、この料理にはどんな裏が隠されているのかなどを、ストリップ劇場をからめながら面白おかしく痛快にしゃべったものですから先生、アハハハッ！　ガハハハッ！　と大笑いしながら、その大きく開けた口から次から次に酒を流し込み続けてたちまち酔ってしまった訳です。

先生は、日本における十年以上前の思い出や、学生時代の思い出を次から次に話し出したのですが、それがなんと見て来た劇場の懐古談ばかりなのには驚いた、というよりはよく覚えているのに感心しました。

「渋谷の百軒店《ひやつけんだな》の入口左側にある○○劇場には渋谷ローズさんという踊り娘がいて、そりゃ君……」

「京都は東寺の近くにある△△劇場はね、天井に鏡が張ってあってな……」

先生ますます酔いが進んで参ります。ボルテージも上がりっぱなしでございます。

「今はどうか知らんが、昔はな、信州の湯田中温泉なんていう、あんなに静かな侘び寂びの境地にも××劇場なんて小屋があってな、そこの年増の踊り娘さんには盲腸の手術の跡があってな……」

いやはや先生、よくぞ覚えているもんですなあ。学校で学んだものは直ぐに忘れるのに、こういうことはいつまでも覚えていられるのかしら。それにしても「年増の踊り娘」っていう辺りが面白かった。そして以後は大阪は難波界隈、新宿歌舞伎町、川崎は堀の内と新丸子、浅草花屋敷、五反田、市川、名古屋、福岡と、日本国中の劇場の話を展開いたしまして、すっかり私の方がその話に酔ってしまいました。

酒瓶すべて空にして、ストリップ・オムレツ平らげて、ベロンベロンに酔っ払って、フィラデルフィアで日本の劇場の話を聞かされて、翌朝は別れを言って、また次の飲み場に出発した私でありました。

沖縄で天国を見る

十三年間飲み続けた泡盛の量は？

沖縄県から、県内発酵産業展のためのアドバイスをしてほしいというので、それではお引き受けいたしましょうということになってもう十三年が経ちました。

年に三回行くことにしてましたので、これまで約四十回の沖縄行き。東京から沖縄まで一五〇〇キロメートル離れているとして、単純計算で六万キロメートルも空を飛んだことになります。これは地球を一周したことにもなります。

沖縄に行っても、やれ石垣島だ、それ宮古島だ、今度は与那国島《よなぐにじま》だと離島の飛び歩きですから、実際はもっともっと長い距離を飛んでいたことになります。

四十回行ったということは、一回行きますと大体五日くらいは沖縄に居ることになります。すると飲む回数は二百回を超えます。一回に飲む泡盛《あわもり》の量を少なく見積って三合としても、十三年間では六斗。つまり一升ビンで六十本以上は飲ったことになります。きっと実際は、もっと多くの泡盛を体の中に流し込んできたことになります。泡盛は御存知のように蒸留酒でありますから、日本酒よりもずっとアルコール度数が高い。ですから日本酒に換算すれば一石以上は胃袋に納めたことに相成ります。沖縄の酒が好きで、沖縄の料理が好きで、沖縄の人たちの人情が好きで、沖縄の景色が好きなものですから、こんなに長い間、アドバイザーを務めているわけです。

さて、実にバラエティーに富み、知恵が潜み、独自の食文化をもったおびただしいほどの数の琉球料理と酒との取り合わせについて、限られた字数で詳しく述べることなどできるはずはありませんので、ここでは私が沖縄で飲ってきた、酒と肴のほんの一例を述べさせていただき、南国のすばらしさに涎《よだれ》を流していただくことにいたしましょう。

「お前ばかり食ってきて、飲んできて、俺はちっとも面白くないわ」と腹を立てているそこのお父さん、ここは一つ、沖縄に行った気になって少しの時間をお付き合い下さいますように。

なぜ沖縄で飲む泡盛がうまいのか?

沖縄の酒といえば泡盛です。この酒を、クセのある臭みをもった独特の酒だと決めつけている人がありますが、それは当たっていません。口に泡盛を入れたらば、じっくりとこの酒の奥に潜む素晴らしい香味をさぐってみなさい。そこには、黒麴から来るあの風格のある匂いと、甕《かめ》で貯蔵中に生まれた落ち着いた古酒《くーす》の味わいがあって、貴方の心を南国の強い陽射《ひざ》しの下に横たう紺碧《こんぺき》の海へと馳《は》せさせてくれます。まさに南国の陽《ひ》の酒なのですよ、泡盛は。

夏のギンギンに暑い時でも、琉球人は汗をだらだらと流して欠かさず泡盛を飲る。体はよけいに熱くなるから、汗は滝のように滴り落ちる。その発汗作用は、新陳代謝を高めて夏ばてしない。まあそんな図式ができあがっているものですから、こんな暑いところにもアルコール度数の強い酒があるわけです。暑い国インドに、あの激辛の香辛料やカレーがあるのと同じわけなんですな。

南国の浜辺で山羊一頭を喰らう

その南国の陽の酒を何百回と飲りました中で、最も強く印象に残っているのが山羊丸々一頭を潰して、それを肴にして飲んだ金武《きん》町の友人宅の庭先であります。沖縄では、妊婦の栄養補給や家の普請の時などには山羊を潰して食べる風習がありますが、この時は私の歓迎のために、山羊一頭が命を落とした次第。

屠《ほふ》った山羊の後ろ足を縛って、頭を下にした格好で木にぶら下げ、まず頸動脈を切り、出てきた血を桶に取ります。次に山羊の毛を火で丹念に焼き、焦げた色が全体についたところで木からおろして、四、五人の男たちが担いで海辺まで降りていく。

そして浜辺で解体を始めたわけですが、最初に取り出したのは内臓でした。不思議なことに、その内臓の各部位に豆腐のおからを絡めてよく揉むのです。なんでそんなことをするの？　と聞いてみると、内臓は一番臭みの強いところなので、それを取るためだ、ということでした。おからで脱臭する。面白いですねえ。そのおからを洗い流してから、ぴーじゃー汁（「ぴーじゃー」とは山羊のこと）の具に使うわけです。

このぴーじゃー汁が泡盛と実によく合います。ぴーじゃー汁は、骨付き肉や内臓を強火で五時間ほどたっぷりと煮込み、最後に血を入れてから、ふーちばー（蓬草《よもぎ》）を沢山入れて、塩、おろし生姜で味をつけて食べるのです。

独特の山羊臭が鼻に強《きつ》く食べ慣れぬ人には難儀になりますが、そのうちに慣れてくれば、実に野趣に富んだ汁として感動することになります。酒のピッチの速い私などは、最初から泡盛をがんがん飲ってしまうものですから、その泡盛の勢いで山羊臭なんて、てんで可愛いものになってしまいます。

丼に五杯食って、「ゥメーエー」などと山羊の声を真似したぐらいにして、まったく嬉しいかぎりの宴会でありました。

「ぴーじゃーぬちーいりちゃー」を知っているか?

山羊の刺身も泡盛に実によく似合います。刺身にする部位は、焦げめの皮に付いた赤身肉の部分で、ここはまったくといってよいほど山羊臭がありません。

皮のゼラチン質のコリコリとしたところに、赤身肉のシコシコが乗り、ゼラチン質から出たコク味が赤身肉のうま味と相乗し、鼻からは焦げた皮の匂いが入ってきて、何とも言えぬ強烈な美味が合奏し合い、融合し合うのです。そこに南国の陽の酒を呷《あお》る。ところがどっこい、泡盛はしっかりとした古酒ですから、山羊のうま汁に蹴とばされることなく、しっかりと胃袋に入って参ります。

とにかく酒と肴の相性というものを地球のあちこちで味わってきた私ですが、この泡盛と山羊料理において互いが融け合う仲の睦まじさは只事ではないものだと思い、その辺りに何だか嫉妬みたいなものを感じたりして。すごいですねえ、この泡盛と山羊の関係は。

そして待ってました。「ぴーじゃーぬちーいりちゃー」。な、なんだ、それ、いきなりお経が出てきたりして、なんて面白がっているそこのお父さん、これは経文なんかとは違いますよ。これまた泡盛によく合う山羊料理の名前なんです。「ぴーじゃー」は山羊、「ぬ」は「の」という意味の助詞、「ちーいりちゃー」とは血の炒め物の意。すなわち、「山羊の血の炒め物」なんです。

肉や内臓を細かく切って、解体したときにとっておいた血とともに、ニンジンとかニンニクの葉を沢山入れて油で炒めたものです。調味は塩と醬油だけ。熱いうちに食べるのですが、ニンニクの香りがすごく良くて、泡盛にもこれがまた絶妙に合うのです。

夏、ぎらつく太陽の下で、舌が焦げるほど熱々のぴーじゃーぬちーいりちゃーを肴に陽の酒を飲る。汗が滝になる。こんな素晴らしい食体験をしたらお父さん、ちょっとやそっとの疲れなんか、体の不調なんか、病気なんか恐れおののいて吹っ飛んでいっちゃいますぞ。

沖縄といえばグルクンの丸揚げ

那覇市の国際通りの裏にある公設市場の魚売り場が大好きで、よく見に行きます。

おびただしいほどの数の魚屋がひしめき合っていて、初めて行った人なんかは、店頭に並んでいる目が醒めるほどカラフルな魚を見ただけでびっくり仰天するはずです。

熱帯の魚ですから当たり前ですが、内地から行った旅行者などは「えっ、こんなに色の派手な魚、食べられるの？」なんて言って気味悪がります。ところがね、その天然色の魚たちはみんな美味なのですよ。

真っ赤な「アカマチ」や「アカミーバイ」、コバルトブルーの「オーバーチャー」、薄ピンク色の「グルクン」、さまざまな種類の派手な色をしたブダイの仲間など。みんな煮ても焼いても美味《うま》いんです。

中でも嬉しいのがグルクンの丸揚げ。これがまた泡盛と夫婦のように似合うんです。グルクンは琉球では最も一般的な大衆魚なので、まさに沖縄県の県魚（シンボル・フィッシュ）です。一年中、安くて美味くてたまらない。ちょうど鯵《あじ》ぐらいの大きさで、これを丸ごとカラッと油で揚げ、塩をパラパラと撒いてから泡盛の肴にします。淡白な味に上品な甘味が乗っかっている魚ですから、これを油で揚げると、アルコールの強い泡盛とは大変に事がよろしく口の中で出合うわけです。

そして国際通りの夜は更けゆく

国際通りを一歩裏の方に入ると、小さな一杯飲み屋がひしめき合って並んでいます。そこの、大抵の看板には不思議に「刺身あります」と書いてある。よほど刺身が好きなんですねえ、沖縄の人は。そして、店の名前に個人名が多いのも楽しいし、嬉しいのです。「花子」、「八重子」、「愛ちゃん」、「歌子」、「舞子」、「艶子《つやこ》」、「ちゃこちゃん」なんてね。

で、私がよく行くのが「花子」。一枚開きの扉を開けて、中に入って靴を脱いで、畳の間にある卓袱台《ちゃぶだい》に座って酒と肴を注文する。肴はグルクンの丸揚げか塩焼き、そして刺身、ただし沖縄では、魚の刺身は味噌ダレで食べるのが一般的ですから念のため。

そしてやってきた泡盛は、ぬる目につけた燗。店の中には沖縄の民謡が流れています。蛇皮《じゃび》の三線《さんしん》に合わせて、気分を奮わせた、かすれたいい声が流れてきます。

「ああ、いいなあ、これ、これ、これが琉球だ。憧れちゃうなあ」なんて旅情にしっぽりと染まってコピリと泡盛。

「俺《おら》ぁ、そのうち仕事を辞めて、女房や子供も捨てて、この地で暮らしてみようかなあ」なんて、家族に聞こえたら追い出されるほど過激な想いに耽《ふけ》ってまたコピリと泡盛。その間二度、グルクンと刺身に手を出して。

泡盛の銚子の数も三本を超すと、「この店はこれくらいにしてと。さて次は、オーシャンビューの裏にあるカナに行ってイラブー（海蛇）汁を啜《すす》ってくるか」

国際通りをふらり、ふらり汗をかきかき、ふわふわしながら歩いていって、十分くらいでカナに着く。その店で泡盛の肴に啜ったイラブー汁のうまいこと。二日酔いの防止のためと、ご主人の我謝《がじや》孟諄《もうじゆん》さんに得意のゴーヤ（にがうり）ジュースをつくってもらって、一気に飲んで、おやすみなさい、と夜が更けます。

カニクイザルの告白

実は私、何をかくそう「カニクイザル」という渾名を持っています。食べ仲間たちと「カニクラブ」（CRAB CLUB）というのをやってまして、年に何度か、うまい時期のカニを食う会なのですが、そこで付けられた渾名なのです。

十一月、上海から生きた上海ガニを格安の秘密ルートで買いつけてもらい、そのうえ、やはり格安の荷代で空輸してもらって、ウヒウヒとほくそ笑んで貪ったり、北海道で毛ガニ関係をやっている知人（実はこの人の息子は私の研究室の学生でしたから、私に人質にとられたも同然のかわいそうなお父さん）から、これまた格安の毛ガニだけれども味は抜群といったのを送ってもらったりして「こりゃ馬鹿うめえや」なんて、またもやほくそ笑んで楽しんでいます。

このカニクラブのメンバーたちには、実は私からもそれぞれにカニ名の付いた渾名を秘かに付け返してやっています。いつも「何とぞよろしく！　よろしくどうぞ！」

なんて叫びながら這いずり回っている野心家のC氏には「ハイズリガニ」と付けてやりました。また、食べ飲みが始まると最後までやたらしゃべってばかりいるR氏には「カニシャベ」(カニシャブではない)と付けさせていただきました。「カニもいいが面倒くさくて」なんて言っている不真面目なA氏には「ヤマトモノグサガニ」、そして、やたらとその辺り一面にカニの食い殻を撒き散らすB氏は「カニチラシ」といたしました。

血で血を洗うカニとの死闘

ハイズリガニとヤマトモノグサガニとカニチラシはまだ一匹目を終わらず、カニシャベがやっと一匹目を終わり二匹目に手がかかるころ、実は私はすでに四匹目を手にしてるといった具合でしたから、まあカニクイザルという渾名が付けられても致し方ない。「隣の客はよくカニ食う客だ」なんて駄洒落を飛ばしている暇もなく、ただひたすら私はカニを手に持って、そのまま貪り食っているわけです。

それが貴方、その時の私の形相ったら見られたもんじゃないんですよ。口の周りは傷だらけ。唇の外側も血。唇の内側も傷で血、舌の先端もあちこちから血、歯を支える上顎《うわあご》の天井からも血。歯と歯の間や歯茎からも血。とにかくカニの足やハサミ、甲羅などに付いている鋭く尖《とが》った棘《とげ》が貪りつく私の口の周りの生身をあちこち刺すので血が出るわけです。毛ガニや花咲ガニなんかですと、血が出るだけでなくピリピリと痛む。

時々、傷の具合を把握するために真っ白いおしぼりタオルを口の周りや唇の内側、舌の先端にそっと押し当てまして出血の状態をみるのですが、何と貴方、おしぼりには小豆絞りの手拭《てぬぐ》いのように、真っ赤な血が点々と模様を描いているのです。私はある時それを見て、真っ白い雪の上にパラパラと落ちた真っ赤な南天の実に見たてたものですから、突然ロマンティックな心情になったり、センチメンタルな気分になったりしちゃいました。そんなわけで今日は、地球のあちこちでカニを肴に酒を飲った話をいたしましょう。

アマゾンの泥ガニを捕まえる秘策

まず、ブラジルはアマゾン川河口の町、マパカで食ったカランゲーギョ。アマゾン川流域の川辺にあるマングローブの泥地に棲むやや大型の淡水泥ガニです。

市場に行くと、カゴに入れられて売られていますが本当に泥だらけ。しかし、大変に気性の激しいカニでありますから、悪戯《いたずら》をして指でも挟まれたことにゃ、もうその指は自分の体から離れていってしまいます。

　マナウスあたりの市場に揚がったやつが最も美味だということでしたが、いやはやマカパの市場のやつも、ど偉い美味さでした。ただ塩茹でしただけなのですが、甘くてポクポクしていて、山吹色の味噌が多くて、その味噌は濃醇な味でありました。何よりも安いのがさらに美味を呼びまして七転八倒《しってんばっとう》の体《てい》で五匹ほど胃袋に納めました。

　酒は「イアウカ」というサトウキビのスピリッツでラムの一種を選びました。この酒、庶民階級では「ピンガ」と呼び、都会に行くと「カッシャサ」と名が変わり、政府筋だと「ブラジリアン・ブランデー」と呼び、だけど総称するとイアウカなのです。何だか酒の出世魚みたいな呼び方で面白いわけです。

　ところでカランゲーギョを捕る方法を聞いて笑っちゃいました。カニ捕り職人がマングローブの泥地でカニが棲んでいる穴を見つけると、そこに腕を入れて穴を掘っていきます。もう腕が届かないという、肩あたりまで掘りましたら、腕を抜いて、穴の入口に泥を盛る。そこの穴の側に小さな棒を立てて目印にし、また次のカニ穴を掘る。こうして次々に目印をしていって二時間もしてから一番最初のカニ穴に戻ってくると、カニは底の方からはいずり上がってきて、泥の盛られた穴の入口のところでゴソゴソ動いている。そこを、えいっ！　とばかりに泥もろともカニをつかみ捕るのです。

　カニはなぜ、わざわざ上に昇ってきて捕まってしまうのか？　そこのお父さん、わかりますか？　実は穴の上に盛った泥のために、カニ穴は塞がれてしまい空気が遮断される。このままいては窒息するぞ、というわけで、カニは苦しくなって上に昇ってきたのです。狡猾《ずる》がしこい人間の勝ち！

酔っ払い蟹を本場中国で食べる

中国では杭州《ハンチヨウ》と広州《コワンチヨウ》と厦門《シアメン》の三市で名物の「酔蟹《ツウイシエー》」を嬉しくいただきました。本場の中国で賞味する前に、日本の中華料理店でも何度か食べてみましたが、やはり断然中国の方が三市ともうまかった。多分、カニが新鮮なことと、漬け込む酒に秘伝があるのでしょう。

　この料理、日本では「酔っ払い蟹」などと名付けていますが、生きたヒラツメガニ（マル）やガザミ（ワタリ）の、卵がびっしりと詰まったメスをよく洗ってから布で表面の水気をふきとり、これを老酒《ラオチユウ》（紹興《シヤオシン》酒《チユウ》の熟成したもの）に漬けるのです。するとカニは、突然の老酒に、喜ぶどころか苦しがりまして、そのうちに静かになり、息は跡絶《とだ》えます。

そのまま一週間ほど漬け込んで出来上がりますから、甲羅から包丁を入れる。肉身や卵巣は、濃いべっ甲色の光沢をもっていて、ねっとりとしたコク味は絶品であります。

広州駅から解放北路を下り、中山道と交差するところを左に折れ、労働帽店と農民運動講習所の前を通ると広州起義烈士陵園に出ます。ちょうど中山三路の辺りだね。その裏の方のゴチャゴチャした自由市場の中にある店がうまいというので行きました。

さすが。「名物にうまいものなし」というのは聞いたことのあるどこかの国のことで、ここの名物「広州酔蟹《コワンチヨウツウイシエー》」は本当にうまかった。口に入れると、肉身も卵巣もじっとりと解けだし、次に絶妙なコク味が口中に広まって、それがトロリと喉を滑っていきます。

酒は辛口だが濃厚な「紹興加飯酒《シヤオシンチヤフアンチユウ》」と、甘口で香りの高い「紹興香雪酒《シヤオシンシヤンシエチユウ》」を選びました。ともに十年物の老酒。いやはやこの二種の酒、ぶったまげて腰を抜かすほど酔蟹と合いました。酒と肴がこんなにも呼吸がピタリと合うと、なんだか芸術性なんていうものが頭を過《よぎ》ったぐらいにして。

その酒家で「こりゃうまい、うまい」と大声で誉めましたらば、店に集まっていた見物人の一人が古ぼけたラジカセを取り出して嬉しい曲を聞かせてくれました。「夜《イエ》来香《ライシャン》」。実に素晴らしいので気分が乗りまして、ついつい飲みすぎて、カニばかりでなく私の方も酔っぱらい客になってしまいました。

モクズガニのフワフワ汁は絶品!

利根川の河畔でお百姓さんをしています茨城県行方《なめがた》郡の友人から電話が入りました。

「ズガニいっぺとったがら食いに来ねえべか? 都合つかねんならしゃあんめいが、もしすまならいっぺやっぺ」(訳:モクズガニを沢山捕ったので食いにきませんか? 都合がつかないなら仕方ないが、もし暇なら一杯やりましょう)

そこで私、ふっ飛んで行きました。なにせカニが大好きなカニクイザルなものですから。で、彼が自慢の一品料理を見て凄いのなんの、仰天してしまいました。石臼《いしうす》の中に元気のいいカニを二十匹ぐらい入れて、驚くなかれ、何とそれを丸太棒で上から搗《つ》いて潰しているんです。ついにドロドロに潰れたところに味噌を加えてまた搗いて混ぜ、それを杓子《しゃくし》ですくい取って沸騰している鍋の湯に入れたのです。

ドロドロのカニのエキスは瞬時にフワフワと固まって、鍋全体に浮きながら拡がりました。ここで鍋の火を弱めてからサイコロ状に切った絹ごし豆腐と斜がけに切ったネギを加え、酒少々を落としてから椀に盛って食べさせてくれたのです。題してカニのフワフワ汁。恐れ入りました。

カニから出た甘味とうま味、卵巣やカニ味噌から出たコクなどが誠に調子よく乗り合いまして、私の頭の中の雑念をすべて払ってくれるほど、このフワフワ汁に没頭させてくれたのです。やや辛口の純米酒を、思いきりの熱燗でやったのも、見事大正解。

ドイツで川ガニを楽しむ

ドイツのマイン川沿いに醸される辛口ワインの「フランケン」を酒に、川ガニを楽しんだのはデュンゲルスハイム村。メスガニの卵巣がことのほか美味でフランケンの辛口によく合いましたが、そのフランケンのワインのビンの形は皆同じで古典的な丸型袋状の緑色ビンに詰められているのです。で、あの袋状は何の形を真似たのか知ってますか？　あれはね、ボックスボイテル、すなわち山羊の睾丸の形なのでありま す。

また、ライン川古城伝説地帯の中心部に、美しい風景のバッハラッハ村がありますすが、ここで川ガニの塩茹でを肴に「バッハラッシャー・シュワス・シュタールエック」を飲んだ時の味も忘れられません。店の主人と息が合って、バッハラッシャー・シュワス・シュタールエックを五本、カニを七匹平らげました。

彼は私に、プレゼントだといって、自分で彫ったライン川風景の木彫をくれました。この思い出の作品は、私の書斎に今でも飾ってあります。

とにかく、カニを肴に酒を飲みながらワイワイと賑やかにやってきましたが、どこの国もどの民族も、カニと酒という嬉しきものを前にしたらば、もう不幸せなはずはありません。そこには国境を越え、民族を越えて、実にいい笑顔ばかりがありました。

世界で最も臭い酒とは？

す。

天国の酒、地獄の酒

前に、中国の貴州省で出合った誠に不思議な酒「満殿香酒」の話を致しました。天然香料八十余種を配合しました、芳香芬々《ふんぷん》たる天国のような香りの酒で、これを飲むと体からお香の匂いが立つのであります。汗も小便もお香の匂いに染まるのでありま

またある時、百五十年近くも前に醸されました本場ノルマンディーのカルヴァドスをポン・レヴェックという村で口にしたことがあります。御存知のようにカルヴァドスはリンゴを原料とした蒸留酒ですが、その酒からはリンゴの新鮮な芳香と、甘いヴァニラの如き熟成香が立ち上ってきたのでございます。何と百五十年も前のリンゴの芳香がでありますます。人知でははかりしれない新鮮霊妙な芳香、理論や認識を超越する

ほど美しく、妖しき悪魔の芳香。まさにそのような表現に相応《ふさわ》しいほどの神秘な匂いでありました。これも天国的酒であります。

さらにスコットランドではハイランド産の「ザ・マッカラン」二十五年物をちびりちびりと舐めたことがありますが、その芳香たるや気が遠くなるほどの天国ものでした。

はたまた和歌山市の加太で、海を眺めながら鮃《ひらめ》の刺身で飲んだ「羅生門」の純米大吟醸。あの酒から立ち上る奇跡とも思えるほど優美な吟醸香には、ついつい誘われて天国を見せられました。

酒はこのように、それぞれに素晴らしい香気を持つ液体なのでありますが、では一体その逆とでもいいますか、思わず鼻を押さえるとでも申しましょうか、地獄へまっさかさまというのでしょうか、そういったとてつもなく臭い酒はあるものなのか？とよく尋ねられることがあります。酒の芳香については数多くの賛辞や褒詞《ほめことば》がある中で、こちらの方の話題はとんと目や耳に致しませんから無理もない質問でありましょう。

そこで以下に、私なりに体験したり見てまいりました、良くて良くてたまらない、もうどうにもこうにもならないといった凄い匂いの酒についてお話し致しましょう。

そこのお父さん、「いつも変な話ばかりする人だなあ」なんて言ってないで、しばらくお付き合い下さいますように。

モンゴル乳酒の濃縮された臭さ

先ず最初はモンゴルの蒸留乳酒です。馬やヤク、山羊、牛などの乳をそのまま発酵させるととても酪酸の匂いの強い乳酒ができますが、御存知のように乳はそう多くの発酵性の糖分を持ちませぬから、出来上《できあ》がった酒のアルコール度数ははなはだ低いわけです。すごい臭みを持っていて、アルコールが低いのでは満足致しませんから、それでは蒸留してアルコール度数を高めましょうと、次にびっくりするほど原始的な蒸留器で蒸留します。

蒸留したその酒を「エヒル」と言いますが、一度ぐらいの蒸留では、アルコール度数はまだまだ低い。こんなに低い酒を飲んでいたのでは男が廃る、ということに相成りまして、そのエヒルを再度蒸留致しました。この二度蒸留しました酒を「ヘリョーロフ」と言います。ヘリョーロフ。面白い名前ですねえ。

ところが蒸留器というのはまったく意地悪なもので、アルコールだけを濃縮してくれるのではないのです。あの、鼻を突くような酪酸臭も同時に濃縮致しますので、二度も蒸留したヘリョーロフは、強烈な臭みを持ったチーズの数倍の匂いが致しまして人々を驚かせます。

ところが彼らには更なる欲というものがありまして、そのヘリョーロフでさえ駄目だ、もっと強い酒が飲みたいという願望から、そのヘリョーロフをまたまた蒸留致しまして、「ホルチ」という酒に到達させます。三度蒸留を繰り返しましたそのホルチは、ついにアルコール分四〇度にも達し、その臭みは鼻を曲げると申しますか、ちょっと厳しく申せば立ちくらみを起こすといいますか、とにかく凄いものでありました。しかし、牧草民の誠に貴重な蒸留酒だけありまして、チーズや肉料理には甚だよく合う酒なのです。

数キロ先まで匂いが漂う酒

ヘリョーロフよりも、ホルチよりももっともっと凄い、いや凄いというよりも恐ろしいといった方が正しいほど強烈な臭みを持った酒は、東アフリカのウガンダ共和国でバトロ族の人たちが醸す「アルワナ」というやつであります。

原料は未熟な青バナナ。バナナ畑に深さ一メートル、直径二メートル位の穴を掘り、そこに青い未熟バナナを放り込みます。この穴の真ん中には煙突の役目をする筒を立てておき、仕込みの初日だけ炭火を入れて穴を暖めます。上からバナナの葉をかぶせ、さらにその上に土をかぶせて五日ほど放置すると、バナナは黄色になって熟し、糖分を増します。

そのバナナを掘り出してから皮をむき、今度は別のかなり広い穴にそのバナナを入れるのですが、その穴の底や壁にはバナナの葉を何重にも重ねて敷きつめてあります。バナナジュースが土に吸われないようになっているのです。バナナを入れ終えると、適当量の水が投入され、次にいよいよバトロ族の人がその穴に入って、足でバナナを踏み潰すわけです。

バナナ潰しが上手な人は大丈夫ですが、未熟な者が踏みますと、ツルンツルンの穴の中で足を滑らせ、バナナの中で転倒、体中バナナだらけとなります。それがまた、起き上がろうとするのですが、ヌラリトロリの足場ではなかなか立てません。それを助けようと入った人も足をとられて転びます。一度に五人も穴の中で転んで修羅場となり、互いがもがいているうちにバナナは立派に潰れていたということも耳にしました。

こうして出来たバナナジュースは汲み出されて丸木舟型の発酵樽に移されます。この時点ですでにジュースは、バナナの過熟臭や酵母、酪酸菌のつくった臭みなどで、強烈な匂いが付いています。それはさしずめ、チーズをさらにどぎつくしたような匂いにウンチの匂いが上乗りしたといったそんな表現がピッタリのものでありました。それをさらに三日間ほど自然発酵させますから、なお一層臭みが鋭く尖った感じの酒が出来上がるわけです。

この酒を飲みましょうと何人かの村の人たちが集まりますと、風がそよ吹く日などは、その風に乗った酒の匂いが数キロ先の人たちにまで酒宴を知らせしむることになり、風下の彼らは酒の場所めざして風上まで飲みに来ると言います。アルコール分は大体五パーセントぐらいだろうと思われますが、鼻につく臭みを気にしなければ、喉ごしの良いさっぱりとした味わいの酒でありますので、大いに楽しめます。

税関フリーパスの強烈な匂い

三年前のことですが、中華人民共和国貴州省の貴陽市を訪れた際、中国人の酒造技術者から貴州大曲《コイチヨウターチユイチユウ》酒という白酒を土産に四本いただきました。土の中で原料を固体発酵させ、それを蒸留したために、非常に強烈な臭みを持つことで知られている酒です。

もし、飛行機の中で瓶が割れ、酒がこぼれでもしたならば、気密になっている機内には強烈な匂いが籠ってしまうことになりますから、そこは注意して手荷物で運びました。明日はいよいよ帰国だ。香港で一泊して、旅仲間らとホテルで二本空けましたので、残るは二本。

多分大丈夫だろう、手荷物にするには厄介だと判断して、スーツケース（バゲージ）の隅の方に使い古しの下着にくるめてしまい込みました。

ところが、成田空港でハプニングが起こりました。困った。困った。本当に焦りました。グルグルと回転しているターンテーブルからスーツケースを回収したとたん、強烈な白酒の匂いがそのカバンから漂ってきたのです。いや、漂ってきたなんて表現は弱い。貴州大曲酒のあの強烈な臭みが押し寄せてきたんです。しまった！　中で割れているのです。

瓶が割れても液体が外に漏れ出してこないのは、きっと瓶を包んでいる下着やその近くにある衣類に染み込んでいるからなのでしょう。あそこにいる税関係官の前でこのカバンを開けたら、きっとびっくり仰天するに違いない。しかし、ここでおどおどして落ち着かぬようだと、かえって係官に怪しまれるだけだ。ここはひとつ堂々と正面突破しかあるまい、と心に決めて列に並びました。

私の前の人も後ろの人も、その前の前の人も、後ろの後ろの人も、私のカバンから発せられるびっくりするような臭気に顔を見合わせています。そして、ついに私の番が来ました。覚悟をしてカバンを検査台の上に置いて、静々と係官の顔を見ましたらば、その係官は凄い匂いに気がついていて、ぐっとこちらを睨《にら》みつけるのでした。そして「何の匂い？　すごいね、これ。一体どうしたの」と尋ねた。

私、答える。

「中国の貴州大曲酒という酒がカバンの中で割れたようです。それも二本とも。この酒、鼻を突くほど臭い酒で有名なんです。もし、私がこのカバンを開けたら、おそらくこの辺りにはしばらく異様な匂いが籠るでしょう。どうですか？　カバンを開けますか？　それとも開けない方がよいですか？　さあどうします？　どちらにしますか？」

と逆に係官に迫ったのであります。なんだかこれでは脅迫しているようで、少々申し訳なかったのですが、しばらく鼻を押さえていた係官、顔を下から二、三度しゃくり上げるような仕草をして「行け！　行け！」という合図を下さいました。

万里の長城から小便すれば

ビールを飲むとなぜもよおすのか？

「万里の長城から小便すればヨイヨイ、ゴビの砂漠に虹が起《た》つ、アヨーイヨーイデッカンショ」

御存知お下劣な替え歌「デカンショ節」ですが、小便といえば酒を飲むとこれがよく出ます。特にビールだとことのほかジャージャーと勢いよく出ますのには理由があるのです。

ビールには、苦味と香り付け、そして泡持ちを良くするという三つの目的達成のためにホップを加えますが、それはホップの中にフムロンとルプロンというアルカロイド物質があるためで、この二つの成分がその三つの役割をするのです。

ところがこの両者には利尿、すなわち小便の通じを良くするという薬理作用もあるものですから、ビールをガブガブ飲るとジャージャーと出るのです。明治文壇の重鎮であった森鷗外という大先生など貴方、東京帝国大学の医科を出てドイツに留学していた時、「ビールを飲むとなぜ小便が多量に出るのか？」という研究をして、すでにホップの利尿性を特定していたということですぞ。だからドイツには、今でもこの利尿性を利用して、ノンアルコールの妊婦用ビールがあったり、尿毒症患者の治療にホップの煮出し汁が使われたりしているのです。

そんなわけですから、ビールの本場ドイツでガブガブ飲っていますと、小便に関してびっくりするような場面に出くわしたりします。ミュンヘンとかフランクフルトといった大都市に行きますと、巨大なビヤホールがあります。ホーフブロイと呼ぶのですが、いやはやその巨大なこと。日本の体育館を四つも五つも合わせたような、これが正にパヴィリオンというものなんだなあ、と思わせるほど大きな飲み屋なんです。

そこに行くと、何百人、ではないな、何千人という人がビールを飲んでいます。ある者はジョッキ片手にベンチの上に立って大声で歌い、ずっと遠くの方では数十人が肩を組んで「わが祖国ああこの祖国ドイツよ永遠なれ！」なんて民族歌を大合唱しています。ビールを飲みながら騒ぐもんですから、その賑やかさはパヴィリオンの天井にまでこだましまして、とにかく歓喜の声とビールの匂いと熱気とに包まれた異様な感じの酒場風景なのですね。

ドイツ人には負けていられない!

ある時、「よし、このままでは大和魂が泣くわい。負けてたまるか俺も飲る!」という決心をいたしまして、こちらの方もゴクンゴクンと頑張りました。茹でたジャガイモにかぶりつき、焼きソーセージを頬張り、繊切《せんぎ》りキャベツの酢漬けを口にして、ビールをじゃんじゃん飲みました。するとそのうちにだんだん腹が膨れてきまして、腰のベルトの穴を二つほどゆるめたくなるのですが、何せ大和魂が泣くというものですから、そのまま続けてまた飲みました。

すると、来たようです。もよおして参ったようです。腰の下の方から、ジンワリ、ムラムラと尿意が忍び寄ってくるのです。飲む勢いが速いものですから、その押し寄せ方も急激で、下腹の辺りにあった尿意がどんどん上の方に来まして、ついに頭の中の脳味噌全体が激しい尿意に侵され始めました。それでもまた大和魂が泣くものですから続けて飲むわけです。

ついに首から上は尿意で溢《あふ》れんばかりの頭となり、首から下はさらに激しいせめぎ合いが起こっています。顎下に降りて行くビールと、下腹からこみ上げてくる尿意とが体の中心付近でぶつかりまして揉み合うのです。だからもう、たまったものではありません。

で、トイレに走ります。私だけでなく、ビア樽のようなお腹をしたゲルマンさんたちも次から次にトイレめざして急ぎます。ですから、ホーフブロイのトイレはいつも満員で、皆が一列に並んでシャーシャージャージャーと放出しては心からほっとして、すっきりして、清々しい顔をしてまた席に戻るのです。そしてまた、新たなる尿意に向かってビールを胃袋の中に流し込むのであります。

ビヤホールのトイレで見た驚くべき光景

さて、私はそこのホーフブロイのトイレに走って行って驚いてしまいました。度胆《どぎも》を抜かれてしまいました。ここのトイレはドイツ人の合理性から設計されたのでありましょう。ただ足もとに溝を掘っただけのコンクリート製のトイレで、隣の人との仕切りなど全くありません。溝の手前に設けられた一段高くなっているお立ち台に上がり、目の前のコンクリートの壁に向かって、おおらかに放尿するのであります。そう、ひと昔前、日本国有鉄道ローカル線の駅舎の脇にあった小さな便所を思い出せばいいのであります。足もとにある小便の流れる溝、あれが五〇メートルも横に続いていると思えばよろしい。

さて、液体の物性というものは高いところから低い方向へと移動するのは世の常です。吉田兼好も述べておりました。「行く川の流れは絶えずして……」

つまり川の水が流れ行くのには、高いところがあって、低いところもなければならないのです。ホーフブロイのトイレの小便の流れる溝も、当然一方が高く、他方が低くなっているわけです。そうでないと小便は流れませんから溜まって氾濫《はんらん》する。私はもう、どうにも堪《こら》えられないといった厳しい状態でトイレに駆け込んだのですが、それが貴方、小便をしようとした場所がいけませんでした。

なんと最下流の位置だったのです。一段高くなっているコンクリート製の足場に立って、やおら息子をむんずと引っぱり出して、さて気持ちよく放水しようと足もとを見たのでありました。するとどうでありましょうか。いやはや凄かった。足もとの溝の中を黄金色に輝く小便が小川のように上流から流れてきているのです。波打って、泡立ちながらであります。そのあまりの光景に、「ややっ!!」と思って私は一瞬も二瞬もたじろぐことになり、あれほど急激切迫していた尿意がしばし止まるほどでありました。そうしている間も、ゲルマンさんたちは、上流、中流、下流といわず次から次にどんどんやって来ては放水するものですから、鴨長明《かものちょうめい》様でなくとも「行く川の流れは絶えずして……」でありました。

しかし、「春の小川はさらさら行くよ……」なんていう懐かしい童謡を口ずさむ気分でもありませんし、ましてや南こうせつの「神田川」というようなロマンティックな情景でもありませんでした。ゲルマンさんたちが次々に小便しに来るもんですから、私もこのままじゃいけない。そこで下腹部にぐっと力を入れましたら、ついにシャーシャーと、とても爽快に放尿が始まりました。だけど貴方、体から放出するというのはどんな場合でも気持ちのいいものですねえ。便所での大小然《しか》り。男女の営み然り。二日酔いの嘔吐《おうと》然り。

放水が終わってほっとして何の気なしに天井を見たらば、ここでまたまた仰天してしまいました。裸電球が鈍く光っていて、その光の周りにぼんやりと霧がかかっているのがはっきりとわかるのです。

「霧のロンドンブリッジ」というのは聞いたことがありますが、「霧のホーフブロイトイレ」は初めてです。そこのお父さん、「一体霧の発生源はどこなんだろうか？」なんて野暮な質問はおよしなさい。とにかく私は、ビールが人の体を通過して、それが小川になったり、霧を発生させるのを初めて見まして、感動すら覚えた次第です。

あやうく命びろいしたブラジルのトイレとは？

まあ、地球を肴に酒を飲み歩いていますと、このドイツのホーフブロイの体験などは可愛いものでありまして、もっと強烈な印象のある小便をしたことも数多くあります。

例えばブラジルのサンパウロから八〇〇キロほど北西の方に入ったところにカンポグランデという街がありまして、そのすぐ近くが鉄やマンガンが採れるので有名なタカリ湿原地。その湿原地の中にある少数民族の酒を調査に行ったときのことです。粟粥《あわがゆ》のようなものを発酵させたドロドロ状態の酒を農家の庭先で飲んでいました。アルコール分は弱いと思って飲っていたのですが、しかし大変に酔いました。さて、そういうところで小便に立とうとして、美麗なトイレを望んでもそれは無駄です。そこで、自然界に向かっておおらかに放水してやりましょうと、その農家の裏側に回りまして、生ゴミを捨てるために掘ったかなり大きな穴のようなところの縁に立ち、放水を開始しました。

小便が穴の中に降りはじめた途端、足もとの下の方からネズミが二匹飛び出してきました。びっくりして、「これはいかん、別のところで放水しよう」と考えましても、只今放水の真っ最中で止められません。仕方なく、放水のまま筒の先端を左四五度方向に変えて引き続き放っていましたらば、今度は小便の落ちる辺りのゴミが動くのです。

「な、なんだ？」と思って終わりかけた放水のままそこをよく見ますと、何とお父さん、凄いのなんの。直径五センチ、長さは優に二メートルはあろうかという黒色の大きな蛇がトグロを巻いてこちらをじっと見ているんです。その不気味だったこと。蛇の目が今でも思い出せます。冷たくて、攻撃的で、そして凄みがきつくて。

だけど、酔っ払っていましたから、こりゃ面白いや、という遊び心がすぐに湧いてきまして、その蛇の顔の辺りに小便をかけて、ゆうゆうと酒の席に戻りました。そして、その話を皆にしてやると、農家の主人《おやじ》さん、涼しい顔をして言うのです。

「その蛇、ネズミを食いに山から降りてきた奴だよ。よかったな、猛毒吹っかけられなくて。凄い勢いで毒を口から発射するんだよ。目に入ったら目潰れたよ。チンポコにかかったら、そこ溶けちゃってたよ」

いやはやその話を聞いて背筋がゾーっとしてきました。酒飲んでチンポコ溶かされた奴なんて、これまで聞いたことないからです。それとは全く反対に、酒飲んで、小便して美しい場面もありました。台湾の名峰、阿里山《オーリーシャン》の麓でのことですが、美しい清流の辺で老紅酒《ラオアンチユウ》をしこたま飲り、近くの小蔭で立ち小便していたらば、林のあちこちからヒラヒラユラユラと紙切れのようなものが沢山舞い降りてきて、私が小便した地点に止まるのです。何だろうと思って酔眼朦朧《もうろう》の中、よく見ますと、それは誠に美しい蝶でありました。

尿の中の塩分を吸いに来たのか、尿の中に溶け込んだ酒の匂いに誘われてきたのか、それはよく判りませんが、とにかく次から次に飛んできて、小便で濡れた土の上にびっしりと止まって盛んに何やら吸っています。それはそれは、本当に幻想的なほど美しい光景でありました。

漬け物はセクシーである

いいわよ！　いいわよ！　とニシン漬けは言った

漬け物がやたら好きなものですから、どんなところに旅をしても芳《かぐ》わしい漬け物を肴に酒を飲むのが大好きです。

ドイツの北の方を飲み歩いていますと、必ずニシンの酢漬けってやつが肴になりますが、あれは辛口のワインに実によく似合いました。とにかく貴方、あの辺りのニシンの酢漬けはどぎついほど酸《きつ》っぱいのですよ。

日本の食酢よりももっと強い酸味の酢に、ご丁寧にも香辛料をがっぽりと入れてから漬けるものですから、初めてこのニシン漬けを口に入れる人なんざぁ、目をギュッと瞑って鼻っ柱に皺《しわ》を寄せ、度胸を出して嚙まなければなりません。そのうちに脂汗がタラリタラリと出てきて、口唇もじんわりと腫れぼったいぐらいになります。しかし、慣れますとこの酸味が強力なアクセントになりまして、ニシンから甘味を感じることになり、それがワインの酸味と口の中で衝突しながらも、ワインの渋味にこなされます故、ちょうどうまいニシン漬けになるのです。

で、私がドイツのブレーメルハーフェン辺りの海岸街でこれを食べる時には、あえてフランケンのとびっきり辛口を選び、そのワインとニシン漬けの間に黒パンを介して楽しむことにしています。テーブルの上にフランケンの「クリンゲンベルガー・ホッホベルク」を置き、黒パンを手でちぎっては口に運んでワインをコピリと飲り、ナイフで小さく切ったニシン漬けを口にしてはまたワインをコピリと流し込むわけです。激酸と激辛が口の中で揉み合った状態の時に、黒パンという仲裁役を送り込みますと、これが妙でありまして、実にいいわよ、いいわよということに相成る次第です。

臭みと臭さが出合った最高のカップル

立ちくらみするほど臭い漬け物を肴に、オェッ！　とむかつきそうな臭みの酒を飲んだのは中国でした。浙江省《チョーチアン》の寧波《ニンポー》でのことですが、この地には有名な莧菜《カンツァイ》の漬け物があって、それがまた鼻が曲がるほど臭い。それでその臭みのために、いつしか

「臭漬《チーシイ》」という名が付けられたほどの曲者です。

日本のくさやが江戸時代、「ああくさいや、こりゃくさいや」と言われて、そのまま「くさや」という名が付けられたのと同じことです。

酒は紹興加飯酒《シャオシンチャフアンチュウ》。実はこの酒、糯米《もちごめ》を原料にして造る酒なのですが、中には古い造り方をしてアルコール発酵の前に乳酸発酵をすることがあります。この時、しばしば酪酸菌が湧いてしまってひどく臭い酒になることがあるのです。だって貴方、酪酸ってチーズやくさやのあの強烈な匂いに似たものなんですよ。しかし、いくらそのような失敗酒とて捨てるなんてもったいないことはしません。安酒として売られます。

そこで私は、自由市場の格安の酒屋に行って、わざわざその臭い酒を探し出してきて楽しむことにしています。そして肴の臭漬けには、羊角菜《ヤンカアツアイ》や牛耳包菜《ニウルポウツアイ》といった、特に臭みの強いのを選ぶんです。

何故かと申しますと、この酒と肴は、互いが凄く強烈な臭みを持ったもの同士なのでありますが、実はそれが幸いしておりまして、口の中で出合いますと互いが互いを打ち消し合う仕草をとり、何と全く別の芳しき香りに変身してしまうからでありま す。数学でも－《マイナス》×－《マイナス》＝＋《プラス》となりますが、まさにあの公式が成立するわけです。臭漬けの臭みが、嚙んでいるうちに牧草を干した時の日向香《ひなたか》の感じとなり、どぎつかっとですねえ。

た酒の酪酸臭は、一変して風格のある老酒の匂いになるのです。まったく不思議なことですねえ。

韓国で、インドで楽しむ最高の組み合わせ

韓国では、ソウルの郷土料理屋で飲っていた時、酒の肴として漬け物三点セットを注文しました。これが正解。

三点セットは白菜のペチュキムチ、大根のカクトキ、キュウリのオイキムチで、酒はもちろん「濁酒」。カクトキなどは唐辛子で真っ赤に染まったサイコロ状の大根漬けですから、辛味に弱い日本人などは見ただけで「もうダメだわ」なんて弱音を吐く人がいますが、実は大丈夫です。

日本の「鷹の爪」とか「虎の尾」といった唐辛子は本当に激辛なんですが、韓国の漬け物に使うものは辛味は弱く、その分、うま味と甘味がよく乗っている素晴らしい唐辛子だからです。完熟トマトのあの濃いうま味に、少し辛味をつけたといったものです。濁酒の酸味とわずかに感じられる甘味が、漬け物三点セットと実によく融合しまして、これまたいいわよ、いいわよでありました。

インドに、チャツネというジャム状の漬け物があります。正しくはチャトニーとい

うんだけれども、トマトやマンゴーのような果物、そして手近にある野菜や香草も刻んでごっちゃ混ぜにしてから、酢、砂糖、塩、香辛料で調味し、それを煮つめ、ジャム状にしたものを寝かせて発酵・熟成させたもの。インド料理の薬味の一種に使われます。

ある時、チェンナイ（マドラス）の安ホテルの一室で、この漬け物をなめなめしながら肴にして、フィリピンのマニラ市で買って持ち込んでいたヘビータイプのラムで楽しんだことがあります。酒の名はラ・トンデーニャ醸造会社の「アニェホ」という熟成ラムでした。

少し暗いホテルの一室で、薄汚れたガラスのコップにアニェホをなみなみと注ぐ。そして、マッチ棒の柄先にチャツネをちょんと付けて口に含み、それを追いかけるかのようにアニェホを頬張る。湿気に包まれたカビ臭い安ホテルの薄明かりの部屋、天井や壁に点々と付いている黒カビの斑点、端の欠けたガラスのコップ、マッチ棒の柄先にチョンと付けたチャツネ。もう雰囲気はことのほか揃いまして、アニェホをコピリと口にしただけで独り旅の心情というものを、しかと確かめさせられた次第でありました。

女性の足が漬け物をうまくする

ドイツがいっぱい好きなものですから、よくこの国には行きました。

「またドイツの話か、いやになっちゃうなあ」なんて言っているそこのお父さん、ドイツという国はね、何となく親しみやすいというか、西欧の中では最も日本的な国というか、まあそんなところですからここはひとつ許してやって下さいな。

古い城がある。日本酒の大吟醸酒に似たワインもある。ちょっと大きな街を離れるとすぐに農村地帯だ、ジャガイモが好きだ、漬け物のザウァークラウトも日本的な漬け物だ、とまったく嬉しくなってしまう国なのです。

ザウァークラウトはキャベツを薄塩で漬けて、乳酸発酵させた保存食品ですが、この発酵の製法は中世に中央アジアから伝わったと言われているほどアジア的な漬け物なのです。秋のキャベツを繊切りし、それを、縦にしたワインの古樽に漬け込んで、蓋をしてから重しをして発酵させて造るのです。何せ歴代のバイエルン国王の高級食膳に供されてきた伝統的漬け物でありますから、食べ方も高尚です。漬け物としてバリバリ食べるというよりも、湯に通してからサラダに混ぜたり、肉料理に添えたりして食べるわけ。

で、私が舌を踊らせて貪ったのがシュークルートというアルザス地方の料理。ザウアークラウトを白ワインで煮ただけの肴なのですが、これがアルザスワインに絶妙なことびっくりしました。特有の酸味と渋味が、アルザス産ワインとピッタリ意気投合。妙な歯ざわりも嬉しく、山のように盛ったシュークルートをあっという間に食べつくしてしまいました。

その嬉しかった場所は、ドイツからほんの少しフランス領に入ったストラスブール、つまりドイツ語では、シュトラスブルグという街。酒はアルザス産の逸品「リースリング・キュヴェ・バルティキュリエール」。結構でありましたなあ。

なお、ドイツの隠語に女性の太い足を「キャベツ踏み」と呼ぶことがあります。これは昔、ザウアークラウトを漬ける際に、太い足の女性を連れて来て、その足で踏ませるとうまい漬け物ができるというので、そういう隠語ができたそうです。

老若二人の女性が潜む漬け物

宮城県刈田郡七ケ宿町大字湯原小字峠字藪という山奥の農家で、採りたてのキャベツとキュウリの切り込みを浅漬けにしたのを御馳走になって、あまりの新鮮なうまさに悶絶したことがあります。酒は純米「勝山」。この酒、純米酒特有の味のくどさがなく、さっぱりとした味に上品な甘味、フルーティな香気をもった素晴らしい酒です。この名酒を飲みながら浅漬けを楽しんでいると、今度は沢庵《たくあん》の古漬けが出てきました。そこで、この老若二種の漬け物を肴に勝山を酌み、漬け物に潜んでいる女性感みたいなものを頭に浮かべながら、飲ったのでありました。

その浅漬けは限りなく若鮎のようでありました。時には若草の上を跳ねまわるバンビのようでもありました。ここで酒をコピリ。美しく、ピンと伸びた肢脚《あし》をもった少女のようでもありました。浅漬けをパリパリ。したがって浅漬けはその瑞々《みずみず》しいところがいいのでありまして、ちょっぴりとでも古さの翳《かげ》りが見えたらもう、それっきりなのであります。

酒をゴクリ。ですからこの逆説も成り立って、古漬けは限りなく古い感じがあってこそ、古漬けの真の姿であって、ちょっぴりとでも新しかった時の翳りが見えるようでしたら、これまたそれっきり信用できません。ひねた沢庵をポリポリ。何と言っても古漬けは味が豊満で、色香が漂い、熟れきった年増のようでなければなりません。酒をグビリ。そうだ。この浅漬けは新宿のディスコで一心不乱に踊っていたユカという名の娘に似ているぞ。浅漬けをパリリ。この沢庵は北の新地のクラブ「ルパン」のママか、あるいは馬車道の小料理屋「胡蝶亭」の女将《おかみ》に似ているぞといって沢庵漬けをカリカリ。そして純米酒をゴクリゴクリ……。

世界最高のキモ試し

医者が禁じる最高の御馳走とは？

トウモロコシを主体とした特殊な餌を、口から無理矢理というか強制的というか、暴行気味というか、あるいはサディスティックではなかろうかといった残酷じみた方法によって多量に押し込んで、暗いところに放り込んでおきますと、腹いっぱいになった鵞鳥《がちょう》はグーグーと眠りっぱなしになります。目が醒めましたらば、またその餌を咽喉《のど》に無理矢理押し込み、また眠らせます。これを何日も続けますと、鵞鳥は見るまにブクブクと太ってきます。肥えてまいります。

肥大する部分は主として肝臓で、普通の鵞鳥は二〇〇グラム前後の肝臓を持ちますが、この餌の強制投与法によって、なんと一キログラムを超えるなんざぁザラでありまして、巨大なものになりますと二キログラム、記録では三キログラムを超えたなんていう猛烈な鵞鳥もいたりしました。

この肥大肝臓がフォア・グラというわけで、フランス語で「フォア」とは肝臓、「グラ」とは肥えた、太ったという意味です。

ローマの美食家スピキオ・メルテスが、生きている野鳥から肝臓を取り出し、そのなま温かいものにミルクと蜂蜜をかけて食べたという話は有名ですよね。西欧ではこのように、肝を美味原品の首座に置く伝統があって、大いに味わってきた歴史を持つのです。

ゾラの『生きるよろこび』の中で、シャントーが壺に入ったフォア・グラをもらって、その嬉しさのあまりに叫んだのは「鵞鳥の肝臓だ！　禁断の木の実だ！　医者が絶対に禁じている素晴らしい御馳走だ！」でありました。

パリで最も贅沢なフォア・グラを食す

さて、そのフォア・グラを肴にパリで飲ったことがあります。フォア・グラというのは普通、ペースト状に調理して、パンに塗って食べたり、ソテーやテリーヌで食べるわけですが、その時はオードブルで出てきました。

ところがであります。ところが何とそのフォアグラが只者ではなかった。タキシード姿の出で立ちで出てまいりました料理人が自慢げに言うのには、「このフォア・グラは、そこらそんじゃらに在る代物ではない。通気性のある素焼きの壺に一年以上寝かせたもので、恐れ多くもフォア・グラ・フレー・ナチュレルというものである。一定の低温で一年以上寝かさないとフレー・ナチュレルとは呼ばない。神妙に味わい給《たま》え」と宣《のたま》うのでありました。

ははあ、これが『生きるよろこび』の中でシャントーが叫んだあのフォア・グラだったのか、なんて文学的推察をしたぐらいにして、とにかく私も神妙になりました。フォア・グラそのものが世界の大珍味だというので、それが食べたくて憧れてパリにお上りさんしてきたのに、いきなり目の前に出されたのが、その世界の大珍味にさらに付加価値を付けた大々珍味だということでしたので、聞いただけで何だか私の頭の中や体全体までもがフォア・グラのようにフワフワフワとなってしまいました。

で、そのオードブルのフォア・グラ・フレー・ナチュレルというのが、とにかく美味でした。コッテリとしてコクがあって、ねっとりとした濃厚味があって、じんわりと舌の奥の方に耽美感が出てきて、そして舌だけでなく前頭弁蓋部大脳皮質味覚野あたりまで快い痺《しび》れが来たのでありました。

トロリトロリンコと蜜のように甘いワイン

さて、このフォア・グラ・フレー・ナチュレルに一番よく似合うワインだというので出されてまいりましたのが何と、何とびっくりしたことか。ソーテルヌでした。「ええっ?」。私、本当に驚きました。ソーテルヌという酒、そこのお父さんでもどんな酒かぐらいはわかりますよね。そう、ワインの中ではとびっきり甘く、蜜の味のような重厚な酒です。そんな甘い酒が、ねっとり、うっとりコッテリのフォア・グラ・フレー・ナチュレルに合うなんて考えてもいませんでしたから、驚いた次第なのです。

やってまいりましたソーテルヌは、「シャトー・ディケム」の一九六七年もの。シャトー・ディケムですぞお父さん。世界最高の甘口ワインで、黄金の輝きと芳醇無比の味わいは白ワインの王様。いや神様。超甘口の白ワインだというのに、寿命はことのほか長くて四十年や五十年ものになるとトロリトロリンコといった円《まろ》やかさになる酒です。

大体、このシャトー・ディケムは、ブドウの出来が良くない年には、あえて甘口のソーテルヌは造らずに辛口酒にしてしまって、その酒にはディケムの名は付けずに

「シャトー・イグレック」としてしまうほどの徹底ぶりなのです。

ついでに申しておきますと、ソーテルヌ地区の白ワインはなぜ甘口であるかといいますと、ブドウの摘み取りを一般のワインのときよりもずっと遅らせて、糖度が十分に高まるのを待ってから収穫するからです。この間、ボトリチス・シネリアという特殊な菌がブドウの表面に現れてさらに糖度を増すこともありますが、これが有名な貴腐ブドウという事になります。それで仕込んだワインが幻の貴腐ワインという次第。

ソーテルヌはそんなわけで、貴重な甘口の白ワインですから、ガブガブと飲りません。よく冷やしてから小ぶりのワイングラスで出すのですが、その時はたいてい洋梨やメロン、桃、ブドウ、ネクタリンといった果物か、それらを使った上品な味のケーキを添えられることになっています。ところがこの店はフォア・グラ・フレー・ナチュレルを添えるのが名物。そこで、とにかくじっくりと味わってみましたところ、さすがに歴史と伝統のあるレストランだけあって、この取り合わせには一言半句なく頭を下げずにはいられないほどのものでありました。

博奕打ちのキモに悶絶する

肝臓というところは、大体にしてどんな動物でも美味であります。海の魚も例外ではなく、鮟鱇《あんこう》の肝和えなどはその代表。また、カワハギの肝なども段違いの美味ものでありますから、山海珍味倶楽部のメンバーあたりからは美食原品として特等席に座させてもよい、との意見が得られるほどです。

そのカワハギの肝を肴に、魚も私もとことん成仏したのが和歌山県新宮市で漁師をしています友人宅。私がいつも「粗《あら》ちゃん、粗ちゃん」と呼んでいる紀州逸雄《きしゆうはやとお》の船坂嘉一さんの家。

ある時、粗ちゃんちに魚食いに行ったらば、いきなり「今、バクチウチ下ろしているさかえ、楽しみにな」なんて威勢のいい声が台所から飛んできました。で、私はワクワクしながら床の間付きの畳部屋にある猫足座卓の前に座って待っていました。

そのうちに「バクチウチって何だろう?」という疑問が頭の中に出てまいりまして、まさか勝負に負けた博奕打《ばくちう》ちが金を払えずに、そのまま漁師に売られて刺身にでもされて出てくるのではないかと考えました。しかし、どう考えてもそんな馬鹿げた話などあるわけないな、なんて思いながら、なんとも気怠《けだる》いほどのんびりと待っていますと、粗ちゃんが得意満面の顔で大皿に盛った刺身を運んできました。

その大皿には、薄造り風に造った刺身が美麗に張り盛りされていて、皿の中央には一目で肝とわかる乳白色のペーストが小さな皿の中に入れて置いてありました。粗ち

やんは、

「カワハギやで。刺身に肝をたんとまぶして、ちょいとだけ醤油を付けてえな、食うてみい。そりゃもう、うもうてたまらんわ」と言うのです。

なあんだ、博奕打ちってカワハギのことだったのか。なあるほど。皮を剝がされて裸にされたからバクチウチなんだな。こりゃ酔狂な名前だわいと感心して、私はニヤリと致しました。中央の小皿の肝はもちろんカワハギの肝臓で、熱湯に少々の塩を入れ、そこに肝を入れて火を通し、それを擂《す》り鉢であたってトロトロにしたものだそうです。

これを刺身にベットリと付けて、醤油にはちょんと付けて味わえというわけ。つまりこれが「バクチウチの肝付け」というもので、カワハギの食い方の絶頂法であります。

お伴の酒はよく冷やした「羅生門」の純米大吟醸酒でしたが、これがまた、ことのほか素晴らしく、この肴と酒のおかげで、私はこの時、そのあまりの美味さに悶絶し、気を失わんばかりでありました。その時以来、私はこの魚をカワハギとかバクチウチとかエサヌスット（釣人が憎いあまりに付けた名前）などと言わずに、キモクエという名前で呼ぶことに致しました。

モンゴルで羊の肝を堪能する

三年前、モンゴルのウランバートルから北西に三〇〇キロほど行ったセレンゲ川の近くの草原に住むモンゴル人のゲル（包《パオ》ともいう、組み立て移動式の家屋）内で堪能した羊の肝臓の塩茹でも思い出ものです。

大きな鍋で羊の肉や内臓を塩だけでごった煮した素朴なものでしたが、これがなぜか馬乳酒に合うんですなあ。

この酒には二種ありまして、ひとつは発酵したままの乳酒で、アルコール度数はせいぜい二〜三パーセントほど。ほんのりとアルコール臭がして、酸味が快いといった、ちょうどカルピスのような味のする酒。いまひとつは、この酒を原始的な方法で蒸留した「エヒル」で、現地の人は「乳奶酒《ルーナイチュウ》」と呼んでいた人もいました。

さて、その羊の肝茹ではこの蒸留酒の方で飲ったのであります。ピリッとした辛さがあるわりには、少し甘く、そして乳酒特有の匂いがする酒でありましたが、これをチビリチビリと舐めながらコピリと飲み込みます。そして、はじめはコリコリの感触なのですが、そのうちにヌメっとするほど濃厚な肝臓を頬張って、口中を肝でドロンドロンにしながらゴクリと顎下にくだすのでありました。

馬のお乳のお酒で羊の肝の肴を楽しむ。豪快でしたなあ。その前の日はセレンゲ川でカワマスの大きいのを釣ってもらって、それを馬乳酒で飲ったのですが、それよりはずっと、ずっとこの乳酒と羊肝が似合いましたから、時間が経つのも忘れて朝まで飲んでいた次第です。

ただひたすら草。どこまで行っても草の海。そんな海の上で、メエメエ羊さんの肝を食べながら、お乳のお酒を飲み続ける。もうモンゴル人になりきった気分で、「馬乳酒は栄養の素、どうぞお召し上がり下さいな」なんていう現地の歌を、喉の奥からしぼり出すような甲高い声で真似たりしているうちに、草原に朝が訪れました。

シンデレラ・リカーを知っているか?

ある日突然、輝き始める酒がある

シンデレラ・リカーの話を致しましょう。

「おやまあ、そんな名前のお酒、聞いたこともないなあ」と首を傾げるお父さん、無理もありません。私が名付けた名前の酒なんですから。

『シンデレラ物語』は知っていますよね。継母《ままはは》に虐待されて、風呂場やかまどで灰にまみれながら働かされた可哀相な少女が、小さいガラスの靴によって幸運をもたらされて、王子様と結婚するという、なんだかできすぎているほどの素晴らしい話なのです。ですから、日常あまり日の目をみない存在なのに、ある時、突然光り輝いて皆から羨ましがられることを「シンデレラ」と比喩しますが、そういう運命を背負って生まれた酒を私はシンデレラ・リカーと申しています。

日本酒の搾り粕《かす》、すなわち酒粕を巨大な一枚板の上に広げまして、そこにスコップをもった蔵人《くらびと》数人が乗り込みます。そして、粕の上からスコップを垂直上下に下ろして酒粕を細かく切断し、それに籾殻《もみがら》を加えます。次に、大きな釜の上の蒸留用の蒸籠《せいろ》に入れて蒸しますと、蒸気は冷却管で冷やされて粕取り焼酎になります。酒粕にはすでに八パーセントものアルコールが含まれていますので、立派な蒸留酒になるわけ。敗戦の混乱期、酒に飢えた先輩たちに言わせれば、「それは早苗饗《さなぶり》焼酎だわ」、「ヤミ市焼酎だわ」、「カストリだわ」と言うでありましょうし、消費者運動市民の会などというものを展開している方々に言わせれば、さしずめ「再生焼酎でございます」などと言うことでありましょう。しかし、私のようなロマンチストにもなりますと、「シンデレラ・リカー」などとキザっぽく申します。

しかし、とにかく粕取り焼酎を馬鹿にしてはいけません。何年か熟成させますと、そりゃ貴方、素晴らしく優雅な芳醇酒になりますし、十年ものなんざぁ、レミーマルタンやカミュ・ジュビリーも青ざめるほどの絶品に成長します。第一、今の世の中に、スコップで粕を切って、籾殻まぶして蒸留する本格粕取り焼酎なんざぁ、めったにお目にかかれるこたぁございませんから稀少価値も高いのです。

激辛の取り合わせに学生たちフラフラとなる

さて、その本格粕取り焼酎を、私の実家では今でも造っているものですから、先日も送ってもらいました。いい臭み、どんよりした濁り、すっきりした辛さ。それはちょうど、粋で、キザっぽくって、苦み走って、そしてニヒルな顔をした旗本奴《はたもとやっこ》に見えました。さっそく、研究室にいる大学院の学生たちを呼んで、その粕取りを飲ませてやりました。

院生どもはこの奇妙な酒を、初めは恐る恐る飲っていましたが、そのうちに「先生、こりゃうまい酒でございまするなあ」などといってぐいぐいと飲みだしました。ちょうど、私の書棚の引き出しの中に「揚小丸《あげこまる》」という、なんだか新橋にいた芸者みたいな名前の醬油味煎餅が沢山ありましたので、それをパリパリと音をたてながら肴にしたのでした。直径四センチメートルぐらいの丸い煎餅なのですが、その周りにはびっしりと唐辛子の粉がまぶしてありましたから、そりゃひどく激辛な煎餅でした。粕取り焼酎が辛い、揚小丸がもっと辛いというわけで、それから一時間も飲み食いしてましたらば、院生たちは「舌が痺れてきたぞ」、「唇の周りが腫れぼってきたぞ」、「口の中が火事だ」と言ってギブアップ。フラフラになって帰って行きました。

そして翌朝、一人の学生に聞いてみました。私「どうだった、昨晩の粕取りの味は？」。院生「それが先生、粕取りも煎餅も辛すぎたせいか、今朝便所に行って大きい方をやってましたら、なんと肛門がすごく熱かったです」。

ニッカさんのお尻は大丈夫？

さて、その数日後、粕取り焼酎を一升、大切に抱えて横浜は福富町都橋近くにあるダボラ・カーさん（前にも登場しましたが、「駄法螺吹きのKさん」のこと）の屋台に久しぶりに行きました。前々からカーさんに粕取りを一升頼まれていたので、プレゼントとして持って行ったのです。ところが、運のいい奴と悪い奴というのはいつも間近で鉢合わせするようで、私の差し出した粕取り焼酎を、舌なめずりして、歓喜して受け取ったダボラ・カーさんの手から、常連客のニッカさんが奪い取ってしまったのです。

ダボラ「これ、何をする！」。ニッカ「こんなに懐かしい酒は、独占しないでみんなで飲むべきだ！」。私「もめるな！　また直ぐに一升持ってくるから、今夜のところはみんなで飲ろう」。

つまり運の悪い奴とは、また一升さげて来なければならなくなった私で、ダボラ・カーとニッカはニコニコ顔で、なんと握手したりしてました。

なお、ニッカさんという常連客の渾名なのですが、別にニッカウヰスキーばかり飲んでいたからじゃありません。いつも頭に捩り鉢巻きをして、作業用のニッカズボンをはいているからニッカさんとなったのです。

もう六十歳に近いニッカさん、コップになみなみと粕取りを注ぐと、やおらグビーと一口呷ってから、しばし瞑想に耽るかのように目を閉じていました。やがて、「あぁ懐かしいなあ。上原謙がいる、佐田啓二もいる、高千穂ひづるもいる、音羽の信《のぶ》ちゃんもいる、嵐寛《あらかん》もいる、伴淳もいる」なんて呟《つぶや》いていました。粕取り焼酎全盛のころの映画シーンを思い出していたのでしょう。

そしてニッカさん、やおらトレードマークのニッカズボンのポケットの奥に、身をかがめるようにして手を突っ込んで、そこから鷹の爪だか虎の尾だかわかりませんが、とにかく真っ赤な激辛の唐辛子を四、五本取り出してきて、そのうちの一本をガブリと噛んで、ムシャムシャとやっては粕取りをグビリと流し込むのでした。

私は恐ろしさのあまり小さくなって、チビリチビリと粕取りを舐めるようにしながらニッカさんを見ていましたが、さすがにニッカさんですねえ。二本目の唐辛子も平然と齧《かじ》りながら、うまそうに粕取りを飲んでは物思いに耽っているのでした。この強さですと、きっと明朝は、ニッカさんのお尻は決して熱くはならないのではなかろうかと私は思いました。

フランスにもシンデレラ姫がいる

フランスにも、世界的に有名なシンデレラ・リカーがあります。おや、そっちのお兄さん、よく知ってますねえ。そう、その通り。「マール」という酒です。

発酵を終えたワインを搾ると粕が出ますが、その粕にもアルコールがたっぷりと含まれていますから、これを蒸留しますとやはり蒸留酒ができるわけです。イタリアでは「グラッパ」と呼びますが、つまり粕取りブランデーであります。

フランスのワイン産地では大体どこでもマールを造りますが、特に有名なのはブルゴーニュとシャンパーニュとアルザスで、ブルゴーニュなどは樽で十年も熟成させますので絶品となるのです。原料が搾り粕という宿命にありながら、それが熟成を経ますと華麗に変身しまして、素晴らしい魅力を感じさせる酒となりますからフランス政府の品質保証がなされるわけです。

「そんなこと言うても搾り粕が原料やないか。えらい安酒やろな」なんて言っているそっちのお父ちゃん、そりゃ違いますぞ。もう完全にシンデレラ姫になりきっちゃって、お妃様にしっかりと玉の輿しちゃったものですから、値段が安いはずありません。その辺にゴロゴロしているブランデーなんぞ問題にしてませんで、例えば「マール・デ・コート・デュ・ローヌ・シャトー・グリエ」あたりですと、たったの七〇〇ミリリットルで二万円もするのですよ。

ウサギの脳みそと飲ったマールの美味

で、そのマールをパリのオーステルリッツ駅の近くの、ちょうどセーヌ川に面した通りにある地下の小さなレストランで飲んで感激したことがあります。実はその店には、マールを飲みに行ったのではなく、ウサギ料理がうまいというのでそれを食べに行ったわけ。ウサギ料理を肴にワインを軽めに飲んで、その後に胃袋のこなれをよくするためにとマールを選んだのです。

それにしてもウサギっていろんな食べ方があるものですね。ワインに漬けた肉の網焼きがメイン・ディッシュでしたが、びっくりしたのはフワフワ状の白いものが小さなカクテルグラスにちょんと盛られてオードブルで出てきました。それにオリーブオイルとレモン汁を混ぜたようなタレをかけて食べたのですが、それが大絶品。「これ一体何？」と年輩の給仕さんに聞くと「脳みその塩茹でですぞ」というのにやや驚きましたが、食べてみるとネットリとしていて、コクがあって、舌に奥味が広がって、とにかく美味でした。

ウサギ丸々一羽を三人で平らげましたから、いよいよマールを飲りました。出された酒は有名な「シャトー・ド・ポマール」。ルイ十五世の側近ビバン・ミコーが一七二〇年代にブルゴーニュのコート・ドールに建てた城に由来する歴史のある酒で、特徴はギリシャ産の樽で熟成させた逸品。「香りが高く、気品に満ちて、色は眩《まぶ》しいほど琥珀《こはく》に輝いていて、味は丸くて上品な甘味があって、そしてトロリとする」と当時の私の日記帳には残っています。

八百屋にもあったシンデレラ酒

リンゴ酒（シードル）の粕を蒸留した酒や、サクランボ酒の粕取りなど、世界にはまだまだいっぱいのシンデレラ・リカーがありますが、それらのシンデレラ・リカーの話をある大学の農学部の学生たちに講義したことがあります。すると、一人の学生から、「そんな酒なら俺んちで毎日造って飲んでいる」という大胆発言が飛び出しました。「おやまあ、本当かい？　で、どんな酒を造っているんだい？」と、我が身を乗り出して聞いてみましたところ、それが実に愉快な話でありました。

彼の家は果物も置いてある八百屋で、その果物というのはせいぜい四、五日の店頭勝負。鮮度の落ちたものは安く売り、そしてついに売り物にならなくなったのは廃棄するそうです。しかし、彼は大の酒好きでその上専攻した学問と適性という二つの条件が重なったため、バナナだろうがリンゴだろうが、イチゴだろうがミカンだろうがパイナップルだろうが、廃棄の運命を迎えた果物はすべて潰してから大きなポットに入れて発酵させ、酒にしてしまうとのことでした。こうすることにより、毎日、絶やすことなく酒は供給されるとのことですが、「ではどんな味の酒になるのか？」と聞いてみますと、「ミックスジュースにアルコールを加えたような感じで、非常に芳香が高く、甘酸っぱく、何とも複雑絶妙な酒です」と言ってました。

廃棄物を酒にするのですから、こりゃ、立派なシンデレラ酒であります。その八百屋酒をぜひ私も飲んでみたい気になりましたが、学生にはやんわりと言ってやりました。「お前、そりゃ密造酒だぞ。第一、そのうちに腐ったりもする。止めるべきだぞ」と。

でも、その奴、私の授業をその後もいつも一番前で聞いているのですが、怪しいかな、いつも顔が赤いのです。

食魔亭のイタズラ料理

飛んで火に入る我が家への客

　私は悪い奴なのでしょうか、悪戯《いたずら》坊主なのでございましょうか、ちゃめっけがある者なのでしょうか、どうしようもない野郎なんでしょうか。

　実は大きな声では申せませんが、私は時々、酒や肴を介して友人や知人の酒客に少々の小悪魔ぶりを発揮することがあるのです。

　先日もこうでした。めっぽう蒸留酒に強い友人が、突然電話をかけてきて言うのです。

「今度の土曜日の夕方、俺の友人四人を連れてそちらに行くから食魔亭で一杯飲ろう。ぜひ自慢の酒と料理を頼む。女性二人、俺を含めて男三人の合計五人である」

「食魔亭」とは、我が家の厨房《ちゅうぼう》に付けた名前です。この蒸留酒大好き男、少々粗野なます。

性質もあるのですが、粗忽者《そこつもの》といいますか、ちょっとそそっかしいところもあり、そその上、天性のお人好しで大体の頼み事は聞いてくれますので友人たちから人気がありますが、私は彼らに何を飲ませ何を食べさせようかと思案を巡らしましたところ、せっかく「食魔亭」を名指してきたことに応えまして、西インド諸島はハイチ産のラムである「バルバンクール」の十五年ものと、肴は和風トマトサラダと地鶏の照り焼き、そして腹を空かした人に最後に食べていただくために特製のカレーをつくってやることにしました。

バルバンクールはハイチの高級ラムで、サトウキビの搾り汁を発酵させ、蒸留した後にホワイトオークの樽に十五年間眠らせたやつです。聞くところによりますと、創業者のガルダー一族が自家飲用のために少しばかり造っていたのですが、その素晴らしい香味が話題を呼び、売り出したものだということです。長期の熟成で、トロリとなったマイルドな逸品と思って下さい。

さて、肴にトマトと地鶏を選んだ理由ですが、私の教え子が海外青年協力隊に入隊しましてハイチに二年間赴任していました。そやつが除隊して戻りましたゆえ、「ハイチは何が美味であったか?」との私の問いに、元協力隊員は「トマトと地鶏であります」と答えたことがありましたのでそう決めた次第です。

また、特製のカレーですが、西インド諸島は大変に暑いところなので、発汗が普段より多くなければ新陳代謝がうまくいきません。ハイチ気分を存分に楽しんでもらうためにも、とびっきりスパイスの効いた高カロリーのものをつくってあげたわけです。

ハイチの大地が生んだ芸術作品

しかし、これらのメニューを冷静に考えてみますと、やっぱり私は悪い奴なのかもしれません。酒は十五年ものを用意しましたが、これは真心というか良心から出ましたサービスです。問題は肴です。

なぜ和風トマトサラダと地鶏の照り焼きであったのか？　実はこのあたりから私の心の奥に棲む小悪魔がムックリと鎌首をもたげ始めたのでありました。

と申しますのは、その元海外青年協力隊員によりますと、ハイチでは今でも人の下肥えを使っている畑のトマトは格段に美味なのだとのことでしたので、それではとの悪戯心から、スーパーで買ってきました幾つものトマトをただブツ切りに致しまして、それを深めのサラダ皿に盛り、その上から、味噌味に調合しました私ならではの秘蔵配合のドレッシングをたっぷりとかけて出したわけです。そこのお父さん、この味噌ドレは何を意味しているかわかりますね。「料理は又芸術」と、かの食聖魯山人《ろさんじん》様もおっしゃってました通り、作品の背景にぼやっと隠れているものを、いかに抽象的に表現するかは芸術の大切な表現の一要素なのですよ。

次の地鶏。これをなぜ肴にしたかといいますと、やはり例の元海外青年協力隊員の話を参考にしたからです。

彼によりますと、ハイチでは庭に放し飼いしています鶏の中で極めつきの美味肉を持っている奴というのは、人の残飯といったおいしい餌など見向きもせずに、家の裏山の頂上付近まで遠出して行き、両脚で落ち葉を蹴散らしてそこから出てくるミミズや小虫ばかりを食べているのだそうです。

そこで私はスーパーに行って地鶏マークの貼ってある鶏肉を買ってきて、それを大きめに切り分けてから、酒、醤油、味醂などで味付けし、オーブンで照り焼きにしてから大きい皿に移しました。そしてその肉の周りに、茹でてからトマトケチャップで色付けしましたスパゲッティを添え、最後に肉の上から黒ゴマを点々と振りかけて出してやりました。こんどはそっちのお父さん、この細長い形のスパゲッティと黒ゴマの粒々は一体何を意味するのか、おわかりですねえ。

悪魔のライスカレーの作り方とは?

さてカレーですが、これは食文化的にはハイチと深い関係はありません。少し共通しているところといえば、ハイチは西インド諸島。カレーの本場はインドというところで共通のキーワードが「インド」。共に暑い国でもあることですから、発汗をうながすのもいいのではないかと、ただそんな簡単な思いつきでカレーを作ったのです。

ところが、このカレーの裏にも、私の心の奥に棲む小悪魔が暗躍していました。出来上がりましたカレーは誠に凄絶《せいぜつ》なものになってしまっていたのです。このカレーは後でご飯にかけて出すことにしてありましたので、私はそのカレーに「悪魔のライスカレー」と名づけました。

さてそのカレーの作り方ですが、肉屋に行って煮込み用の臓物(腸、レバー、心臓、軟骨など)を買ってきました。それをニンジン、玉ネギ、スライスニンニクと共に鍋で炒め、その具が被るくらいの湯を加えてから、トロ火で三時間ほど、時々水を補いながら煮込みました。それにスパイスの効いた辛口のカレールウを加え、さらにニンニクの微塵切りを多めにパラパラと撒いて出来上がりとしました。

さてこの「悪魔のライスカレー」はなぜ悪魔なのか。その理由の一つはとてつもなく高カロリーだという点です。煮込み用のモツ、とりわけ腸のようなものからは溢れるほどの脂肪が小川のように流れ出てきます。ルウからも油が出てきます。この尋常でないほどの高カロリーのカレーをパクパク食べる。うますぎるから腹いっぱい食べます。すると、翌日は肥る。悩む。だから悪魔なのです。

二つ目の理由はニンニクをたくさん使っているので、食べた後の口臭が仰天するほどすごいのです。だから翌朝目をさますと女房も子供も近くにいない。電車に乗ると周りが散りはじめる。会社でも誰も側に寄らない。孤独になる。やはり悪魔なのです。

さて、その日は計略通りで、親友の蒸留酒御一行様はまんまと私の心の中に潜む小悪魔の思う通りになりました。酒客たちは十五年もののバルバンクールをガブガブ飲りながら、トマトにかけられた曰《いわ》くありの味噌ドレを嬉しそうに食べていました。地鶏の照り焼きも、スパゲッティや黒ゴマの粒々と共に頬張っていました。そして最後に五人組は、歓喜して万歳三唱などしながら悪魔のライスカレーを貪って帰ったのでありました。私は、喜んで帰る彼らの後ろ姿を見ながら、人に嬉しがってもらえることをした後というのは、なんと清々しい気分になるものかと、改めて感じ入り、また、大切な客に食魔亭の名に恥じぬもてなしをした事に大いに満足した次第です。

しかし、この事をいま少し高い教養の視点から見直してみますと、ひょっとしたら、私にはサディスティックな心があるのかもしれません。ところが、そう考えると、何だか今度は自分が恐ろしくなってくるのであります。これはきっと私は単なる悪戯心のある酔狂人であると思って正しいものかと存じます。

「黄色い太陽カクテル」に秘められた謎

悪戯心といえば、パリに住む友人宅に行った時のことです。

彼は自慢のホームバーを持っていて、私をそこに案内してくれ、いいワインをしこたま飲ませてくれました。そして彼の奥さんや娘さんたちが揃うと、「何か思い出になるカクテルを調合してくれないか」と言ってきました。

そこで私はそのホームバーの片隅に、「ヴァン・ジューン（Vin Jaune）」一九八二年ものがあるのを見つけていましたので、即席で「黄色い太陽カクテル」を作りました。ヴァン・ジューンとはいうワインは「黄色いワイン」という意味で、ワインには赤、白、ロゼの三通りしかないと思っている人には驚きの黄色いワインです。原料ブドウを搾ると、その果汁は黄金色をしているので、こう呼んでいます。本来はチーズに合うワインです。

さて、その私オリジナルの「黄色い太陽カクテル」の作り方は次の通りです。サラダを盛る大き目のガラスの器に黄色いワイン、ヴァン・ジューンを一本あけます。それに台所から持ってきてもらったミカンの缶詰を開缶して、ミカンだけを入れました。黄桃の缶詰もありましたので、黄桃を小さめに切ってこれも入れました。冷蔵庫にパパイヤが入っているというので、これも皮をむいてから小さめに切って入れました。これを冷蔵庫に入れておいてしばらく冷やした後、シャンパングラスに入れて出してやったのです。グラスの中は液体も個体も全部黄色。美しいものですよ。

さて、この即興の「黄色い太陽カクテル」のどこに悪戯性とか遊戯性とかがあるのでしょうか。実は大人のブラックユーモアが潜んでいるのです。

ほら、何事も無理は禁物と言うではありませんか。何だって度を越すと太陽が黄色に見えると言うじゃありませんか。酒を飲み過ぎてクラクラする時なんぞは、太陽は真っ黄色を通り越して橙《だいだいいろ》色まで見えたりします。

三日も徹夜に近い仕事をしたとなりゃ、もう太陽なんてあったって、無くったたって見えやしない。無理は禁物です。黄色。七色の一つで三原色の一つ。「黄色い涙」は「血の涙」の意です。

だが、黄色い食べ物に悪者なし。カボチャ、卵黄、卵焼き、沢庵漬けにレモンやミカン、黄金味噌、生ウニ、ライスカレー、プリン、カステラ、メロンパン。そこで黄色を飲んで天国に行こう。それがこの「黄色い太陽カクテル」なのです。

パリの友人一家が、元気で健康なまま、天国に行ってもらおうとの願いで作ったカクテルなのです。どことなく南国風で、何となくカントリーウエスタン調で、しかしよく考えてみると、少々アマゾネス的なカクテル。ちょうどジェームス・ディーンが理由なく反抗していた頃、アメリカで飲まれていたかもしれないこのカクテルドリンクを、パリのモダン人に飲ませるというのもユーモアなのです。

ラオスはおいしい！

ビエンチャンの雨期は、蒸し風呂の中のシャワー

憧れの首都ビエンチャンに行って参りました。ラオス国です。いやはや何ともおおらかな国でありました。憧れてしまいました。心いくまで飲んできました。腹いっぱい詰め込んで参りました。そこのお父さんも、機会があったらぜひ一度、ラオスという国に行ってみるべきです。

この夏の、死ぬほど暑い日本を脱出してまずベトナムに飛んで、ハノイ経由でラオスの首都ビエンチャンに入ったのは八月中旬でした。ラオスは雨期。ひどい蒸し暑さ。そして一日一回は決まって降る大雨で、ビエンチャンの街は濡れにぞ濡れしでびっしょびしょ。蒸し風呂の中でシャワーを浴びているが如し、でありました。

これじゃ日本にいて、冷たいビールを飲みながら高校野球でも見ていた方がよかっ

たわい、なんて言っても、民族学の調査をしなければなりませんので、戻ることはなりません。ビエンチャンから七〇キロほど山の中に入りましたモン族の飲食文化を十四日間見てきた話をいたしましょう。

まず、首都のビエンチャン入りの時から感動ものでした。空港には水牛がいっぱいいたのです。水牛が私たちを出迎えてくれたのですねえ。これには驚いた。実はね、農民の水田と飛行機の滑走路の間には境界らしきものがほとんど見当たらないのです。本当におおらかといいますか、感動しました。

メコンの急流が首都を流れている！

おそらく地球上の国々の首都の中では一番長閑《のどか》かな風景を持っているのじゃないかしら。空港からビエンチャンの街までは車でたったの七分。街には広い道路が何本かあって、人も車も疎《まば》らなんです。

まあ、何といっても次に驚いたのは、増水して溢れんばかりのメコン川が、街に接して流れていて、時々、その水がビエンチャンの市街にまで出てくるということ。メコン川ですぞ。あの有名な。川幅何と九〇〇メートルの大河が、増水してゴウゴウと波打って急流している、そんなすごい川と首都とが接しているのです。

接している、と申しましてもね、もっと驚くのがその接し方です。そっちのお父さん、よく聞いてくださいよ。何とね、大統領府がそのメコン川の堤防まで一五〇メートル、日本大使館だか大使公邸だかに至っては何と五〇メートルもない。恐ろしいところですねえ。それでも平然と皆がんばっている。

蛙の肉はブロイラーより百五十倍は美味い！


さて、中央市場というところに真っ先に行きました。これから三日ほどビエンチャンに滞在するものですから、そこで飲む酒と肴を見にね。

ところが酒はほとんど売ってません。民家の中に酒を造る家があって、そこで買わねばならない。だけど食材は豊かでしたねえ。これぞメコンの恵み！　といった感じで、売っているのは例外なく淡水魚。ナマズ、ソウギョ、鯉、フナといったものから川エビ、スッポン、小魚各種が溢れていました。蛇や大トカゲも売られていました。

しかし何といっても多いのが蛙屋です。ラオスはいたるところ水田と沼地ですから蛙が多い。それを捕まえてきて売っているのです。勿論ケロケロと生きているやつを売っている。

これがまた美味でした。おそらく日本人が食べているブロイラーとかいう、プラスチックに味付けしたような鶏肉の百五十倍は美味かった。甘くて、じんわりとしたうま汁が滲《にじ》み出てきて、少々快き生臭さが嬉しくて、油で揚げられたときの焦げたような香ばしさもあって、私なんぞ、空揚げを一人で二十七匹平らげました。本当ですぞ。

お婆ちゃん相手に市場で飲る

その中央市場の片隅で、お婆ちゃんが一人、手酌でチビリチビリと飲っているのを見つけました。嫁か娘に蛙を売らせて、自分はいい気持ちで飲っていたのです。肴は勿論空揚げ蛙と川エビ。

私はそのお婆ちゃんのそばに座りまして、「俺にも一杯くんねえか」といった調子の仕草をしましたところ、いいですねえ、ラオスのお婆ちゃんは。ニコニコしながら喜んで、私に酒をどんどんすすめてくれたのです。

それがすごい酒でね、何と四〇度はあろうかという蒸留酒、つまり米の焼酎です。小さな盃に山盛り注いで一気に飲みましたら、胃の腑が熱くなりました。少々小汚いビンに半分ぐらい入っていたのを、私とお婆ちゃんは意気投合して空けてしまいました。

さて、その中央市場で私が最も関心を持った肴は二種ありました。一つは蟻《あり》、二つ目はネズミの燻製《くんせい》です。蟻を売っている少女に、「どういうふうにして食べるの?」ときいたらば「成虫も卵も潰して、練った麦粉の中に入れて蒸して食う」と言ってました。つまり虫パン、いや蒸しパンで食べる。

ネズミの燻製のことは聞いてましたが、さすがにすごい。皮を剥がし、背骨を中心にして、開いた肉身をそのまま燻《いぶ》して、乾燥状態で売っていました。色はもう黒ずんでいて、やや燻し過ぎといった感じ。

でもねえお父さん、ネズミの燻製が、一枚、二枚といった感じで売っているなら少しは可愛いところがありますが、それが貴方、五十枚、百枚と重ねて売られたんじゃ、こっちの方が圧倒されちゃいますぜ。でも五枚買いました。三枚はラオス滞在中に楽しみ、二枚は土産に持って帰る。で、さっそく、そのうちの一枚を市場の片隅のお婆ちゃんのところに持って行って、それを齧りながら飲りました。

絶妙の味を出すネズミの燻製

ネズミの味ですが、それが絶妙なんです。口に入れたときにはまだ硬さがあって噛むだけなんですけれども、そのうちにトロリトロリと解け出して参りまして、次第にネットリムニュムニュって感じになってきます。

鼻にはややヘビーな感覚の煙臭、それでもって塩味と肉の甘味とが実にうまい具合にマッチングした上に、重厚な奥味といったものが湧き出してくるものですから、もうたまりません。私はお婆ちゃんの酒瓶を取り上げまして、私一人で瓶を抱えましてぐいぐいと飲りました。

そのうちに、お婆ちゃんの娘か嫁のような人が来て、変な日本人が来たことへの歓迎なのでしょうか。何と手つかずの酒瓶を一本置いていってくれました。そこで私もついつい嬉しくなっちゃいまして、お婆ちゃんにネズミの燻製を手ちぎりにして時々差し上げ、私の得意の日本民謡「南部牛追い唄」を歌って聞かせたりして、さらにぐいぐい飲り続けましたらば、何と私とお婆ちゃんの周りには何十人もの人が取り巻いて、見物しているのでした。

しばらくすると、私とお婆ちゃんの立場は完全に逆転いたしまして、お婆ちゃんは手に持った盃を遠慮しながら私の前に差し出しまして「わたしにも一杯くんねえかい」といった調子となり、私も「あいよ、遠慮しないで飲みなんしょ」といった具合でラオスの第一日目は暮れました。

最も残酷な料理「カイ・ルーク」とは？

第二日目にはモン族の調査のためナウスウ村に車で向かいました。途中、ポーパーナオ村というところで小さな食料品屋が店を開いているのを見つけました。そこで食糧調達をしようということになったのですが、何とその店に憧れのカイ・ルークが売られていたのでありました。

店の隅の方に簡単な蒸し器のようなものがあり、その近くには卵が五十個ほど転がっていました。「カイ」とはラオス語で卵の意味、「ルーク」は雛鳥の意味。アヒルの卵を孵化させせまして、殻を割ってピヨピヨと出てくる直前に蒸してしまうという、残酷な料理です。

ラオスの食べ物にしては結構高くて五個で二百キー、日本円で二十円もしました。「これはいいものが手に入ったわい」と北叟笑《ほくそえ》みまして、ナウスウ村に再び向かいました。

モン族の村で飲むカルピスのような酒

村に着いたのは昼過ぎでしたが、見渡す限り山また山の山岳地帯。急斜面の間を縫うようにして高床式の家が建っています。その集落の中の一番山奥の家が村長の家で、そこでしばらく調査することになっています。

私たち三人が着きましたらば、すぐに家の中に案内されて、いきなり歓迎の宴となりました。男衆の姿はまったく無く、ここでもお婆ちゃんが一番偉くてすべてを取りしきるのです。娘、嫁、孫らを従えまして、堂々とした煙管《キセル》を銜《くわ》えて、怪しげでナルコティックな煙物をプカプカと吹かしています。

お婆ちゃんの前には大きな酒壺がデンと据えてありまして、その酒壺には吸酒管と申しまして、長さ一メートル以上はある竹の管が差してあります。細竹の節を上手に抜いてから、遠火に当ててJ状に曲げて吸酒管を作るわけです。ちょうど清涼飲料をストローで飲むのに似ている。

壺の周りにお婆ちゃんと私たち三人、それに娘さんらも加わって、皆で吸酒管を口に銜え、酒を吸い合うのであります。

酒はモチ米で造った濁酒《ドブロク》のようなものでしたが、甘酸っぱく、ちょうどカルピスを焼酎で割ったような味でした。ところがこの酒、結構アルコール度数が高く、そのうちに酔いがかなり回ってきました。

豊かでおおらかなラオスに幸あれ！

こういうふうに、吸酒管で酒を飲む風習はラオスのみならずビルマの山岳部族やアフリカなどにもありますから、醸造学者や民族学者から見ればそう珍しいものではないのですが、初めて見る人は奇妙だなあと思うに違いありません。

しばらくワイワイと飲っていました時、カイ・ルークのことを思い出しまして、さっそく食べることにしました。ポンと割ったものを小皿に取り出しますと、ルークはすでに目、嘴《くちばし》、頭、胴体などがはっきりと形成されていて、かなりグロテスクな感じがいたしました。そのカイ・ルークに、淡水魚製の魚醤《ぎょしょう》と酢を混ぜたものをたらして食べましたところ、何だか山で食べる塩辛のような複雑な味がしまして、一個食べて止めました。ところがさすが現地の人たちですねえ。うまそうに、酒の肴として賞味していました。

ラオス。豊かでおおらかで自然の中に溶け込んで生きている人たち。メコンを母として、その恵みに生きる人たち。いい酒でした。いい肴でした。ラオスのますますの発展と、ラオスの人たちの末永き御多幸を心からお祈り申し上げ、万歳を三唱いたしたく存じます。万歳！　万歳！　万歳！

串は幸せを呼ぶ!?

串蔵さんとの運命的な出会い

私の横で、津軽の串蔵さんが気分を出して歌っています。

♪　ハアア情け深雪窓まで埋めた
　どうせ今宵は泊まらんせ
　　とろりとろりと火が燃えて
　　鍋の鱈汁よくできたヨサレソーラヨイ

寒そうですが、美味そうな謡《うた》ですねえ。
串蔵さん、ますます気分を乗せて、半分恍惚しちゃって二番に入りました。

♪　ハアア足袋はつまごも干しましょう
　これ程言うに帰るなら

わしが思いで雪解かし
そり道三里止めてやるヨサレソーラヨイ
いやはや嬉しくなっちまう謡ですなあ。串蔵さん、さらにさらに雰囲気盛り上げちゃいまして三番に入りました。
♪ ハアア尽くす忠義は難かしものよ
忠臣蔵では由良之助《ゆらのすけ》
鏡山では下女お初ヨサレソーラヨイ。
串蔵さん、鼻の孔《あな》を大きく広げて、そこから熱い吐息を噴き出して、遠くの方を見つめながら、自己陶酔的に耽っていました。謡は「津軽よされ節」。酒は地元「田酒《でんしゅ》」の純米酒。そして肴は津軽ならではの串焼きでありました。
実はこれ、津軽新報社という、内容の充実した地方新聞社がありまして、そこが主催した文化講演会に招かれて行った時の話です。講演が終わり、懇親会も終わって、旅館に送られたのですが、どっこいそこでじっとしている私ではありません。旅館から直ぐに抜け出しまして、近くの小さな居酒屋に入りまして串蔵さんと出会ったわけです。客は私一人だけでした。

ホタテ、ホヤ、イカ津軽三色串に興奮する

「地元の酒と肴くれや」と言いますと、串蔵さんが拵《こしら》えてくれたのが「津軽三色串」とでも申しましょうか、とにかく感激ものが出て参りました。

金串にホタテとホヤとイカを刺しまして、奇妙にもそれに溶かしバターとからしを塗りまして、軽く醤油を付けながら焼き上げるのです。焼かれている時の匂いがまた強烈な誘惑香でありまして、胃袋がキューと引き締められて、興奮しちまいました。それにしても、からしバターで焼いたホヤの絶品だったこと。火に焙られて甘味が出てきて、シコシコとした歯ごたえが誕生しまして、いやはやぞっこん参りました。

そのうえ、出してくれた酒がまた似合っていまして腰が強い、切れ味がいい。嬉しくなっちゃって独りで飲んでいるのも何だな、と思いましたので串蔵さんにも盃を持たせまして始まったわけです。その串蔵さん、酒が好きだこと好きだこと。

そのうちに、こっちが注文しないのに自分に自分で注文して、自分で酒に燗をしてね。何だかこちらの方も訳が解らなくなったままにどんどん飲りまして、そうしていよいよ「津軽よされ節」が出たというわけです。

串蔵さんの本名が何というのか解りませんが、とにかく嬉しくなっちゃう串料理をつくってくれたのですから串蔵さんでいいのです。海を渡って隣の北海道に行って、

網走でうまい串が出たらば網走の串蔵さんでもいいのです。常呂《ところ》の串之介さん、紋別の串五郎さん、釧路の串左衛門さんがいたってよいのです。とにかく好きなように呼んであげて下さい。

串。いいですなあ。九四は三十六でサブロクの九は大吉の兆。九四《くし》は四九《しぐ》（死ぐ）の反対だから縁起もいい。女の美しい髪のことも「髪《くし》」と呼びます。ひら仮名で「くし」と書けば酒の古称。「好士《くし》」は私のように上品な人の意。「苦使《くし》」は誰かさんのように惨《むご》い使われ方をされるの意。

羊まるごと一頭を串焼きにする

世界一大きな串焼きを食べた時には、正直申しまして腰が抜けるほどびっくり仰天しました。アルゼンチンのブエノスアイレスからやや西北に二五〇キロほど行ったところにロザリオという大きな街がありますが、そこからさらに大河パラグアイ川を遡りますとパラナという街があります。街の周りは牧草地帯で、牛や羊をもの凄く多く飼っている牧場が点在しているのです。そこの牧場の一つで、羊を丸々一頭、串焼きにするのに出合ったのです。

この辺りでは薪《まき》を燃やして、その周囲で羊を十字架のような鉄に張りつけて焼く

「アサド」というガウチョ料理が有名ですが、その牧場では違っていました。羊の皮を剝ぎ、内臓を除いてから背骨を中心にして開き、頭部から臀部にかけて鉄板（幅一〇センチメートルぐらい、厚さ三センチメートルぐらい）の端を尖らした巨大な串を刺すのでありました。また、心臓、腸、胃袋、肝臓、腎臓などの内臓や、腸に詰めた血の塊なども金串に上手に刺しまして、いよいよ焼き上げるわけです。

太い樹木を乾かしてつくった大量の極太薪に火をカンカンに熾《おこ》し、その周りに巨大金串に打たれた一頭丸々の羊の開きや、金串に刺した内臓などを並べて焼くのであります。羊の開きは、時々、薄味の塩水を振りかけるだけの素朴な味でこんがりと焙るのですが、内臓の方にはワインをベースとした特殊なタレを時々付けるようにして焼き上げていました。

ガウチョ料理に合うワインとは？

ブエノスアイレスのレストランに入りますと、牛、豚の内臓、牛の乳房やホーデンなどを鉄板焼きにして、タレ付きで出してくれるパリージャという料理がありますが、さしずめここの牧場の野趣満点の料理はアサドとパリージャの双方を持ち合わせたガウチョ料理だと言うことができます。ブエノスアイレスの酒屋の、剽軽《ひょうきん》な店主《おやじ》をからかって、上手に丸め込んで、ただ同然の格安で手に入れた「アンデン・マルベック」と「アンデン・ソーヴィニヨン」(共に赤)、そして「アンデン・リースリング」(白)は、これらのワインがとびっきりに上品なものでないだけに、それが幸いして羊の開きや臓物にことのほかよく似合っていました。

牧場の羊がメェーと鳴いてはガブリ、牛がモーと鳴いてはグビリ、馬がヒヒーンと鳴いてはゴクリと楽しみましたが、時折、風に乗って漂って参ります牧場の青い匂いが新鮮で、あたかもそれは、今、目の前で焼かれて食べられている羊の供養風《かぜ》のような気が致しました。

ベトナムで食べた泥ガメの串焼き

串料理で何と申しましても不気味であったのは、ベトナムのホーチミン市よりさらに南のカントというデルタで食べた泥ガメの串焼きでありました。町を通り過ぎた川辺で何人かが料理していたので、そこに混ぜてもらったのです。

泥をきれいに落としてから、暴れるのを押さえながら上手に竹串を二本、頭部から尾部に向けて甲羅の内側を通すようにして刺し込み、それをマングローブで造った炭火の周りに差しまして焼くのです。

その焼け上がったものをペンチを使って甲羅をバリバリと引き破りますとね、中は蒸し焼きにしたように上手に焼け上がっている。

そこのお父さん、どう、食べてみたくない？　その肉や内臓が一緒くたになっている上からニョクマム、つまり魚醬ですが、これをかけて食べるのです。それがお父さん美味なんですよ。肉の味が濃くて、脂肪には大変になめらかな上品さがあって、面倒くさいから骨付き肉を口に頰張ると、口の中で上手に骨と肉が離れましてね。あとは肉だけ吞み込んで骨はブルルルルと吐き出すわけ。

「酒ないかなあ」と、案内してくれたベトナム人に聞いたら、「あそこでカメ捕るおっちゃんに聞いてくる」と言って走って行って、今度は酒瓶持って戻ってきました。おっちゃん、カメ捕りながら持っていた酒売ってくれたんですね。二万ドン（約二百円）で、米製焼酎四合瓶二本を手に入れまして、湯気が出ているほどの焼き立ての泥ガメの串焼きを肴に飲りました。

カメ捕り職人は哲学的な顔をしていた

「メン・リィオ」というこの酒はもち米の焼酎でアルコール度は約四〇度。よほどお粗末な蒸留器で蒸留したせいか、フーゼル油《オイル》の匂いがプンプンとしていて、こりゃ飲りすぎると頭痛くなるぞ、なんて警戒しながら飲りました。

例によって例の如く、私嬉しくなっちゃいまして、大きな声を出しながら飲み始めたものですから、そのうちに村の人たちがいっぱい集まって参りまして、焼きガメの周りは大変な賑わいとなりました。

何せ私は子供が大好きなものですから、私が串焼きガメを食べている時、それを恨めしそうに見つめられますと弱いのですねえ。「はいそっちのお嬢ちゃん、はいこっちのお坊っちゃん」と気前よく配ってあげちゃうものですから、結局私はフーゼル油の多そうな酒をただ、グビグビと飲るしかありませんでした。

そのうちに嬉しいことに酒を売ってくれましたカメ捕り職人のおっちゃんが、手に何匹ものカメを下げてきて「カメいらんか」と売りに来たものですから、フーゼル油、いや間違い、酒の勢いで五匹ほど買い込みましてそれを串に刺して焼きあげ、再び純真な子供たちに大盤振舞いをしてしまいました。ところが面白いですなあ。カメ捕りおっちゃん、私の隣にピタリと座りまして、焼酎の入っている私の紙コップを手で持ちまして、飲んでしまったんです。

「あんりゃ、それ俺の焼酎だべ」って顔で見返しましたら、おっちゃんは本当にいい笑顔を致しまして、懐に隠し持っていました酒瓶一本をひょいと出してくれました。

カメ捕りのおっちゃんと私は二人で肩組んで、そのメン・リィオをグビリグビリと飲りだしました。

言葉は通じない二人だったけれども、そんなことは酒があればどうでもいいものなんですね。落ちかけた太陽が沼の水に映ってそれが反射し、おっちゃんの顔を紅く照らしていました。その横顔が本当に逞しくて、顎の下に伸ばした真っ白い髭も真っ紅に染まって、哲学的にも見えました。ベトナム人って本当に神秘性があって奥が深い素晴らしい民族なのですねえ。

前回ラオスの皆々様方に万歳三唱をさせていただきましたので、今回、ベトナムの皆様方に行なわないわけにはいきません。では声高らかに万歳三唱をさせていただきます。

「ベトナムの一層の御発展と、国民の皆々様方のますますの御健康と御多幸を心からお祈りし、万歳！　万歳！　万歳！」

魚は最高の肴である

魚報は寝て待て！

釣りはあまり好きじゃござんせんが、釣ってもらった魚を食べるのは大好きです。ですから、何人かで沖釣りに行くことになりまして、私も誘われて行くことがありましても、決して船には乗りません。

前日の夜に船宿に入って、そこでしこたま飲んで、みんなが「よし！　明日は真鯛の二尺ものを上げるぞ」とか、「みてれ！　船が沈むぐらい釣りまくってやるぜ」なんて意気込んでいる時、私も側からそれを囃《はや》したてるように「そうだ！　そうだ！　山ほど釣ってくっぺ」なんて相槌《あいづち》打って、ガブガブと酒を飲みます。

そして翌朝、みんなは午前五時半ごろ、フラフラになって起きて船に乗るのですが、私はそのまま寝ています。私はいつもこうなので、起こして連れていってやろうという殊勝な奴などいません。

第一、そんなへべレケの状態で釣り船なんぞに乗ったらば、二日酔いと船酔いが重なって襲ってきますから、さしずめ米倉八左衛門吐次《はきつぐ》みたいに、絶えず船縁《ふなべり》にぐったりともたれて吐き続け、一体、魚釣りに来たのか、コマセを口から撒きに来たのかわからなくなるに決まっています。

ですから、皆が出て行ってからも、しばらくの間はグウグウと寝ていまして、皆が私のために一生懸命魚を釣っているころ、ゆっくりと起きだしまして朝風呂に入ったり、新聞のスポーツ欄にまず目を通したりしまして、気怠いほどの充実感を味わいながら、船の皆様方の大漁をひたすら祈って美味しい魚を待っているわけです。

大漁の鯛を独り占めする

先日も、福井県敦賀市色ケ浜というところの民宿の二階での昼下がり。海の方をじっと見ていますと、私が心から待っていました魚たちが、いや間違い、釣りに出かけていた皆様方が乗った船が見えて参りました。サンダルをつっかけ、勇んで船着場まで足早に行って様子を見ますと、「玄達瀬《げんたつせ》」という真鯛の好漁場で釣り上げてきたという、何と何と本当に二尺ものの大鯛を三枚も釣り上げて、船内の生け簀に入れて活かしたまま持ってきてくれました。

さあ、それから午後は天然真鯛の喰い道楽といった調子で、私が持参してきました「天狗舞」の山廃大吟醸酒と「満寿泉《ますいずみ》」の純米大吟醸酒で大いに盛り上がった次第です。

何せこちらは午前中に前夜の酒を体内からすっかり追い払って、体調十分で臨みましたので、その鯛と酒の美味なことといったら、もう比べるものなどありませんでした。舌も舞って体も酔って、フワフワしながら青い海を見ていると、身も心も蕩《とろ》けそうでありました。ところがどうも、冷静に考えてみると私一人ではしゃいでいるような気がしたものですから、釣りに行った皆様方をあらためてよく観察してみましたらば、もうみなさん、トロントロンに疲れちゃって、茶碗酒二杯でゴロリと畳に横になるのもいれば、眠いけど仕方なく酒を飲んでいるのもいました。自分たちの釣ってきた活きのいい鯛に箸をつける元気もないようでしたので、私は「これでは刺身にされた鯛に申し訳ない。せめて私一人でもいいからできるだけ食べてあげて、なんとか成仏させてやろう」と思い、大いにがんばって賞味したのでありました。

オランダ風蒲焼きとは？

オランダのアムステルダムの郊外に、日本に三年ほど住んでいたことのある知人がいまして、その人を久しぶりに訪ねたときのことです。いきなり彼は私を裏庭の方に連れていきまして、その隅の方に置いてあった蓋付きの石油缶の前で止まりました。彼がその缶の蓋を恐る恐る取りますと、中には黒々とした、実に立派なウナギが二四、とぐろを巻くようにしてじっとしていました。

オランダさん「友人が近くの沼で捕ってきたのを持ってきてくれたんだ。いつもなら燻製にするんだが、今日は久しぶりに日本流に料理してくれないか？」

私「醬油あるか？　甘口の白ワインあるか？」

オランダさん「あるある」

私「よし、それじゃ蒲焼きをつくってやろう」

ということになりました。

ところが引き受けたのはいいのですが、私は普通の魚は得意中の得意で、口笛など吹きながら捌《さば》くのですが、ウナギはまったく経験がないのです。あのヌメリのあるヌラヌラがどうも邪魔をしまして、ウナギを摑むことができないのです。

しかし、引き受けた以上は武士道の国の男《おのこ》ですからひるんではいけません。その時、私はとっさにいい考えが閃いたので、早速取りかかりました。

凧糸のような強い細紐を持ってきてもらいまして、ウナギの首にその紐を縛りつけました。その紐を引っぱり上げますと、ウナギは暴れながらも見事に空中に全身をさらけ出します。そのウナギの頭部を包丁の頭の方で幾度か叩きますと、気絶いたしまして直ぐにぐったりしました。それを平たい板、まあ俎板《まないた》だと思って下さいまし。その上に乗せて、頭に縛りつけていました紐をその板にぐるぐると巻いてウナギの首付近を固定しました。そしてあとはウナギ屋さんが捌くように、苦労しながらも二匹とも、なんとか下ろした次第です。

タレは、甘口の白ワインに砂糖をいっぱい加えてややトロトロの状態にしてから、そこに醤油を加えて調合しました。そして金串を打ってから、オーブンでタレを時々付けながら付け焼きと致したのでございます。それがまあお父さん、匂いといい、味といい、焼け具合いの色といい、日本のウナギの蒲焼きとなんら変わらないようなものができたんです。

そしてこの、オランダ蒲焼きに最も似合ったのが「ボルス・ジュネヴァ」。オランダ生まれのヘビータイプのジンですが、ボトルをよく見るとZ.O.という略字が付いている。何の意味かと聞いてみると「長期熟成」の略だということでした。ピリッと辛くて、ロンドンタイプのジンに似て爽快なものだから、コッテリと脂肪《あぶら》ののった蒲焼きに見事に合いまして、正に日蘭食文化の融合パーティーといった感がありました。

ナマズの代わりにスッポンが？

まあ、世界中いろいろなところで、釣ってもらった魚を肴に飲んできました。

南ドイツでは、ライン川のカワマスのフライをとびっきり辛いフランケンワインで楽しみ、タイ・ラオス国境のメコン川では、ナマズ釣りに連れていかれて、その釣針にナマズでなくて大きなスッポンが喰らいついてきたのに狂喜して、スッポンの丸煮をしました。その時の酒は米で造った蒸留酒がピタッと決まりました。

何せタイという国は、蒸留酒では日本への伝播《でんぱ》国。沖縄の泡盛はこの国から伝えられたのですぞ。よく、「南蛮渡来のこの壺は……」なんていう時代劇映画の場面がありますが、あの「南蛮」というのは、琉球古語でタイのことを「まなばん」と言っていたのが「なばん」となったのです。だから、江戸時代に出てくる「南蛮酒」とはタイの蒸留酒のこと。

そして中国の大連《ターリエン》では、親友で世界的音楽家である劉宏軍《リユーホンジユン》さんの実家で、釣りたての鮃を刺身にして、それに中華風のドレッシングをかけて白酒を飲りました。選んだ酒は大連《ターリエン》 老窖《ラオチヤオ》 大曲《ターチユイ》 酒《チユウ》。遼東半島の海に落ちる夕陽の眩しかったこと。

沖縄で火の酒を飲る

沖縄といっても、もう西方一〇〇キロには台湾があるという与那国島。この島には花酒「どなん」という世界一アルコール度数の高い酒があります。

焼酎というよりスピリッツの域に入ったアルコール分六〇パーセントという猛烈に強い火の酒であります。泡盛と同じく米麴蒸留酒ですが、蒸留して最初に出てくるところだけを酒としますのでアルコール度数が高いわけです。

その「どなん」を造っているのが小さな小さな酒造店三軒。面白いのは古い蒸留器が島には一基しかないので、三軒の酒屋さんは、発酵を終えた醪《もろみ》を容器に入れ、そこまで運んでいって、共同で使っているのです。共同蒸留所。これ実はね、スコットランドと全く同じスタイルなんですよねえ。馬車に醪を積んで、蒸留所に行って、帰りは樽に原酒を積んで蔵まで持ち帰る。シングルモルトの国の、そんな長閑な風景のカレンダーを想いうかべるお父さんもいると存じますが、それと同じなんです。

さて、その与那国島で造り酒屋をやって、共同蒸留所を使っている金城さんは私の友人。ある時、「釣ってくるから待ってろ」と言って、朝でかけて昼に小さな漁港に戻ってきたので、船まで走っていってびっくり仰天してしまいました。その魚の巨大なこと。あまりに大きいのでクレーンで持ち上げて計測してみたらば、体長三・七メートル、重さ四二〇キログラムもありました。直ぐにクレーンから下ろされ、漁協のおばさんたち五人がかりで解体を始めました。

それを見ながら私は嬉しくなって、左にどなんの入ったグラス、右手に割り箸を持ち、お燥《はしや》ぎを入れながらその周りで立ち飲みしました。これを見ておばさんたちは面白がって、切り身を刺身に下ろしてくれて私に喰わせてくれました。タレは甘酸っぱい味噌ダレでしたが、これがまた絶品でしてね。

目にはペルシャン・ブルーの海と巨大なカジキの解体作業、鼻には東シナ海の潮の匂い、耳には、遠くから聞こえてくる海上保安庁国境警備艇の警笛の響き、そして口には舌を焦がすほどの火の酒どなん。そして、その辛さを打ち消すカジキマグロの刺身。

その日の与那国の太陽も、私には眩しすぎるほどでした。

ハラの中で発酵する酒⁉

スリルが酒をうまくする‼

正確には「濁醪」と書きます。「白馬《しろうま》」とも異称します。真白くて、ブツブツと泡を吹いて、飲むとうまくて、しかし胃袋からゲップ、ゲップと炭酸ガスが逆噴射してきて、飲み過ぎるとフラフラになって、翌日は頭がズキンズキンと痛んで、そして造っているところを見つかると捕まってしまうものは一体何でしょうか。おや、早い！そこのお父さん、早速手が挙がりましたね。そ、そうです。よくできました。答えは「ドブロク」です。

きっとお父さんは、昔、密かに造って裂きイカ肴に北叟笑《ほくそえ》んで飲んで、ゲップゲップして、泥酔して、翌朝沈酔となった経験の持ち主だからすぐにピーンと来たわけですね。わかる。わかる。

昔は田舎に行くとずいぶん密造してたものですからね。味噌造るふりして麴屋に行って麴買ってきて、それを飯を入れる御櫃《おひつ》に入れて湯を加え、毛布を巻いて、炬燵《こたつ》の中に入れておくと甘酒になる。それを物置の隅の方の秘密の場所に移して心ときめかして置いておくと、いつの間にかドブロクが出来ていたというわけですね。酒そのものも旨いが、御上の目を盗んで飲るスリルも堪《こた》えられなかったのでしょう。わかるなあ。

ゲップ逆噴射の快感

実は私は、品行方正で実直な日本人でありますから、そのような違法行為は致しません。しかし、あの甘酸っぱくトロリとした酒の旨さやゲップ逆噴射の快感が忘れられず、他人の造ったドブロクを密かに飲みにいったことはありました。場所は東京都台東区上野。これ以上のことは申せません。

焼き肉といっても、何の肉なのかわからない怪しげなやつを肴にドブロクを青磁の丼でガブガブ飲り、ベロンベロンに酔っ払って、ゲップゲップと炭酸ガスを吐きながらフラフラになって家に帰ったことが何度かありました。旨かったが凄かったなあ、あの酒は。活きている酒って感じが体の中に熱く伝わってきました。

フランスの濁り酒とは？

密造とかそんな意味でない、れっきとした濁りの酒を世界のあちこちで楽しんできたことも幾度かありました。その極めつきはフランスはコート・ドール県の南側にあるコート・ドゥ・ボーヌ、そこのアロース・コルトン村での出来事です。

何百年か続くシャトー・コルトン・グランシーを訪問しまして、まず利き酒を致しました。ところが最初に出された「ルイ・ラトゥール」という赤ワインの味わいがあまりにも素晴らしい。それだけでなく、他の赤もみんな味わい深く素晴らしい。こりゃいいシャトーに来たわい、と嬉しくなりましたので、私はかねがね機会があれば優秀なシャトーで味わってみたかった非売品の特別ワインを賞味させてくれるかどうか聞いてみました。

「澱《おり》をなんとか味わわせていただけんもんですかなあ」

澱とは、ワインを貯蔵している時に出る沈澱物で、樽の底に泥のように澱《よど》んで沈んでいる厄介物です。貯蔵に入った直後は、まだワイン中にフワフワと浮遊しているのですが、長期の熟成の間にゆっくりと沈んできたものであります。まあ、ワインの塵《ちり》のようなもので、原料のブドウから溶け出してきたタンニンとかペクチンが集合しているわけです。

「いいですよ、ちょっとお待ちを」と言って蔵人が消え、十分ばかりしたらば大きめのワイングラスに、ドロドロの澱を満々と注いだのを持って蔵人が再び現れました。

私は嬉しさのあまり、いつもの得意のポーズ、すなわち鼻の孔を広げ、そこから熱い吐息を放ち、片目でウインクし、右手を高々と挙げて指をパチンと鳴らす仕草をしました。

澱を知らずしてワインを語る勿かれ

その澱は赤褐色でドロドロしていましたが、清澄したワインの風味とは全く違っていて、舌を被うような重厚な感覚があり、酸味と渋味とほのかな甘味に奥義的な風格がありました。「濁りの美学」とでもいうのでしょうかねえ。とにかく、絶妙なるワインの原点のようなものに触れた感じがしまして、感動した次第であります。ワインのことを「ああだ、こうだ」と評価しているワイン評論家の先生方よ、「ワインの澱の味知らずしてワインを語る勿かれ」ですぞ。

まあそれはそれとして、蔵人にお願いしてそのワインの澱をボトル一本詰めてもらいまして、それを宿まで持ち込みました。そして、旅館の料理人に卵焼きをつくってもらい、それを肴に再びドロリと濁ったワインをじっくりと賞味したのでありました。

シャトーでこの澱を初めて利いた時、瞬時に思いついた肴が卵焼きだったのですが、それがぶっちぎりの正解でして、奥行のある澱の酸味と渋味に、卵焼きのコク味が相乗しまして、それはそれは、あなあなよろしでございました。

ポルトガルを訪れた理由とは?

このブルゴーニュでのドロドロワインに味をしめまして、ポートワインの貯蔵地ポルトガルのヴィラ・ノヴァ・ド・ガイアに行った時にも、嬉しく味わわせていただきました。

実はね、この港町で泥の如き澱の酒を心いくまで飲もうとしたのには理由があったのです。ポートワインを造る場合には、発酵が全部終わってしまわないで、まだ充分に甘味が残っている状態の時に、アルコール度数の高いブランデーをえいっ! とばかりに加えて、発酵を停めてしまうものですから、酒の中にはさまざまな浮遊物が多く生じてくるのであります。実はそこを狙ったわけ。

その、澱の多い酒を樽に詰めて、貯蔵しておくところがガイアの港なのです。狙いどおりでした。貯蔵倉庫を訪ねて、中に入れてもらって私の希望を滔々《とうとう》と述べました。

「わざわざ地球の裏側の日本から、この倉庫をめざしてやってきたんです。この貯蔵庫だけを訪問するためにですぞ。だから飲ませてください。澱だけでいい。澱を飲ませてください」

すると貯蔵庫の責任者「いやいや、それは御苦労様なことです。日本からねえ。どうぞ心いくまで澱を飲んでください。毎日毎日何年でもここにいて飲んでください。帰国する時には背中に背負っていっていいですよ」。

ポートワインの澱に耽溺する

いやはやまったく心の広い人でありました。大盤振舞いでございました。この倉庫だけが目的で来た、などと見え見えの嘘ついたのに、そんなことどうでもいいといった具合で、澱を開放してくれたんです。

「パイプ」という名前の樽の底から、澱をドロドロと抜きとって、それを何と把手《とって》の付いているビールのジョッキのようなものに入れてくれました。いやはや本当によく澱が溜まったものです。赤を通り越して黒ずんでいるヘドロのような澱が、たちまちジョッキをいっぱいに満たす。私はそれを倉庫責任者から受け取りまして、ジョッキの把手を持ってビールを呷るようにグビーと飲みました。何とポートワインの澱をですぞ。

甘い重厚な味と、ブランデーから来た筋の通った締める味とが一体となり、そこにドロドロの、コロイド状の熟成した澱が重なって喉を通過していくのでありますから凄い。ベートーベンの『英雄交響曲』と『田園交響曲』と、第五番の『運命』、それに『第九番交響曲』とがごっちゃに混ざって、それが整然と演奏されたような、はたまた宮川長春と尾形光琳と狩野探幽が共同して完成した一枚の絵のような、いやこれはちょっとオーバーではありますが、まあ、まったくこれまで味わったことのない領域の風味でありました。

倉庫責任者は、私がゴビゴビと飲むのを感心して見ていましたが、「そんなにうまいものなの？　では俺にも一杯くれ」といって私の持っているジョッキを取って、彼もうまそうに飲みました。あとはいつものように私のペースに引きずり込みまして、二人でしこたま飲って、帰りにはガロン瓶二本に澱ポートを詰めてもらい、両手にぶら下げて宿に戻ったのでした。

それから五日間は、そのガロン瓶を持っては朝に宿を出て、一日中ドウロ川の河口で帆掛け船を見ながらドブドブドロドロのポートワインをなめながら、その澱酒が無くなるとまた倉庫責任者のところに行って詰めてもらってまた飲んで、夕方薄暮になると宿に戻るということを繰り返していました。

世界中にあるドロドロ酒

ドロドロ状の酒って、この地球上にはまだまだいっぱいありました。韓国の大邱《テグ》で飲んだ濁酒の爽快さ、モンゴルの草の海の包《パオ》の中で飲んだドロドロの馬乳酒の濃厚な味、アフリカのザイールで飲んだトウモロコシの粉を発酵させた粥のようなドロドロの酒。そしてロシアでは、ライ麦の粉でパンのようなものを焼き、それを発酵させて造ったパン酒も、ドロドロしていました。

しかし何といっても、忘れようとしても忘れがたい思い出の濁り酒は、アフリカ大西洋側のギニアで飲んだ「ポンペ」というキビ酒であります。キビに水を含ませ、発芽させてから太陽に当てて乾燥する。これを砕いて容器に入れ、水を加え、さらに炒ってから砕いたキビも加えてドロドロの状態にして一夜放置すると酒ができます。アルコールはせいぜい二〜三パーセントぐらいでてんで弱いので、私はかなりの量を飲みました（というより食べました）。

殿様蛙のように膨れる腹

ところがその後がひどかった。あまり酔わないので拍子抜けして寝てしまったらば、真夜中になって腹が大変に窮屈になって苦しくて目がさめました。腹を見るとパンパカパンに膨れていて、まるで殿様蛙のようになっていました。

そうなんです。実は酒は容器の中で発酵せずに、私の腹の中で発酵を開始し、炭酸ガスをどんどん出して腹を膨満させているのでした。

私は困りました。苦しい。何とかしてガス抜きしなくてはなりません。ああ苦しい。しかし、口からゲップの炭酸ガスが出ないのですから、もう発酵物は胃袋を通過して腹の中に行ってしまっています。そこで下腹部に思いきり力を入れて、お尻の方から排気することにしました。

しかし、駄目です。いよいよずっとずっと苦しい。困ったものですから何でもしてみようと思ったのでしょう。逆立ちもしてみました。しかし、やはりガスは抜けません。

こうして朝まで苦しんでいましたらば、やはり生理現象というのは規則正しいもので、トイレに行って大きい方を出すような恰好で力んでみたとたんに、ブボボボボー！　と物凄い炸裂音がして一気に私の体内からガスが排出しました。とたんに腹部が楽になって、やっと体調が元に戻りました。

それにしても、臍《へそ》で茶を沸かす奴がいるかいないかは知りませんが、腹で酒醸す奴がいるなんて笑っちゃいますよねえ。

万能食欲素の秘密

あるロシア人との出会い

アブラハム・ド・ミソスキーさんという外国人がいます。本名は別でして、私がこういう渾名をつけてやったのです。

出身地はシベリア中央台地南方のクラスノヤルスクで、祖父はコザック隊のドン軍団所属将校。つまり頭にも皮の帽子をかぶり、長めのぶ厚い軍隊コートを着て、皮のブーツを履いて、「ヘイヘヘホウホホヘヘホホホ」などといったリズムでロシア民謡を歌っていた人のお孫さんです。

渋谷だったか新宿だったかの飲み屋で、酔っ払っているうちに知り合いになって、以後は時々その店で顔が合えば馬鹿話をしながら酒を浴びている仲です。羊の毛を商う会社の東京駐在員で、もう六年も日本にいるそうです。

そのミソスキーさん、ある時私に言いました。

ミソ「私は日本のハムが大好きなんです。その日本のハムを、最も日本的な味付けで一度食べてみたいなあと思っているのですが、何かいい料理法か食べ方、教えてくれませんか」

私「よし、わかった。一週間後に送ってやるから待っていろ」

何がハムを美味しくしたのか？

私は翌日、デパートに行って、できるだけ脂身の多い格安のロースハム一本を買ってきて、包装している薄膜を剝ぎ取って丸裸にしました。そしてその丸々一本を秘事を施した特製の味噌ダレに漬け込み、一週間後に彼のマンションに送ってやりました。

添え書き「そうしょっぱくなくしてあるから、スライスしてフライパンで焼いて熱い飯で食うか食パンに挟んで食べなされ。薄く切ったものを刻んで、ジャガ芋と一緒に炒めて食べてみんさい。ややぶ厚に切って、ビーフステーキ感覚に焼いて、ウォッカ片手にいいわよ、いいわよ」

その三日後に彼から感嘆の電話が入りました。

ミソ「あのハムうまかった。またあのハム送って下さい」

それからというもの、コザックの末裔《まつえい》ミソさんは、私と飲むたびに「あのハムくれ、あのハムくれ」とせがむのです。よっぽどあのハムが好きなのでしょう。忘れられないのでありましょう。

そんな経緯《いきさつ》で、私は彼の渾名をアブラハム・ド・ミソスキーにしたのです。脂身の多いハム、つまりアブラハムを味噌に漬けたのが大好きな奴なのでアブラハム・ド・ミソスキー。どう、そっちのお兄さん、いい渾名でしょう。

「万能食欲素」の正体は？

その味噌ダレの作り方は、私のオリジナルでありますから公表できませんが、肉であれ、魚であれ、野菜であれ、一度このタレに漬けてから調理しますと、その美味さに、舌が抜けるのではあるまいか、ほっぺた落ちるのではござらぬかと、心の底から心配したくなるほどなのでございます。

出来上がった料理につけて食べてもよろしく、たとえば、疲れきった油で揚げた格安でひどいブロイラーの空揚げなんてものだって、この秘伝のタレをチョンと付けて食べれば貴方、たちどころにして秋田県の比内鶏《ひないどり》あたりを使っているのではないだろうか、などと錯覚致すほどであります。何分にも秘伝のことゆえ、作り方を書くことはできませんが、サービス致しまして材料だけは申し上げておきましょう。味噌、かつお節、味醂、昆布、リンゴ、パイナップル、ニンニク、日本酒、酒粕、魚醤、老酒、生姜、蝦醤、黒砂糖、唐辛子（必ず韓国産のパウダー）。

で、その秘伝味噌ダレ、これに私は「万能食欲素」あるいは「万国味覚活性素」という名前をつけて、世界中を旅する時の必携品にしています。持ち歩くための容器は、市販されていますマヨネーズを食べた後に出る空になったチューブで、それを洗剤でよく洗い、十分に水を切ってから乾かし、それに充塡《じゅうてん》して持ち歩いているという訳です。

ドイツには「乙女」と「年増」がいる!?

ドイツのボンからライン川に沿って、七〇キロほど南に下ったところに、コブレンツという美しい街があります。そこから今度は支流のモーゼル川に少し入ったところの川べりに、私の酒仲間で建築家のゲアハルト・シューマッハー氏が住んでいます。

私が久しぶりに訪ねましたらば、彼はドイツ名物の「鯉の青煮」を作ってくれるというのです。彼は、建築家というよりも、料理人になった方が成功していたんじゃないかしら。とにかくいい腕してます。まあそれはいいとして、好きなワインを裏の倉庫から持ってきていいというので、とりあえず二本、選んで参りました。

時は三月。まだまだ鯉は脂肪がのっていると読んだものですから、やや酸味をきかせていながら味が厚くて調和もよく、「快酒」とでもいうべきもので、ブラウネベルク村に在るリヒト・ベルクワイラア家醸造の「ブラウネベルガー・ユッファー」と、それよりも二回りも熟したヴィンツァー・ゲノッセンシャフト家醸造の「ブラウネベルガー・ゾンネンウァー」を選んだのでありました。

そっちのお父さんにいいこと教えておきますね。実は私が選んだこの二種のワインは、女の呼称と関係があるんですよ。前のユッファーとは「乙女」、後のゾンネンウァーは「年増女」という意味の酒です。いいですねえ、ワインの伝統国というのは。同じ村の、全く違った醸造蔵で、「乙女」と、「年増女」を造り分け、その品質を互いに競い合っているのですから嬉しくなっちゃいます。

だからあの辺りのレストランでワインを注文する時、いちいち舌を嚙みそうなドイツ語の単語なんて並べなくていい。「乙女にしてくれ」、「年増にしてくれ」で通じるのです。こんな会話、日本の繁華な裏街にある怪しげな店でしか使わないと思っていたこっちのお父さん、勉強になりましたか。

名物「鯉の青煮」はこう作る

さて、名物「鯉の青煮」の料理もたっぷり見せてもらいました。先ず四〇センチ級の鯉を塩でよく揉み洗ってヌメリを去り、次に塩を落としてから全体に酢をかけて十五分置く。それに包丁を入れ、ワタを抜き、頭と尾を落としてから骨ごと四等分の筒切りにして塩、胡椒をする。

別に、鍋に出し汁（スープ）をたっぷり入れ、適宜の塩を加えて味加減してから薄切りの玉ネギ、ぶつ切りしたニンジン、パセリ、セロリ、ベイリーフを加え、強火でグツグツと沸騰させながら煮ます。

十分も煮たらば鯉の切り身をその中に入れ、上から適量の酢とレモンの輪切りを加えて今度は中火で再び煮込み、出てくるアクをスプーンで取り除きながら切り身の中に火が通るまで、そう大体七分ぐらい煮てたかなあ。鯉を皿に取り分け、鍋に残ったスープを布巾で濾《こ》し、そのスープを煮鯉にかけて出来上がりです。

いよいよ名物「鯉の青煮」を囲んで、乙女さんと年増さんを脇に侍《はべ》らせて飲み始めました。庭越しに見えるモーゼルの流れ。はや微酔《ほろよい》の快い気分がそうさせたのでありましょうか。シューマッハー氏は「ローレライ」を鼻歌風に歌いました。鯉の青煮は、久しぶりに口にした魚ということもあって、誠に美味でした。
乙女さんとの相性ですが、どちらかと申せば青煮さんの方のアクセントが勝っているようでしたが、そこはさすがの青煮さん、ちゃんと乙女さんをリードしてくれている風でした。ところが年増さんとの相性となるとこちらはもう意気投合というかピッタリで、ややもすると今度は年増さんが青煮さんをリードするといった具合になり、おふた方の関係は極めて深いものでありました。

ついに登場！「万能食欲素」

しかし、恋の青、いや間違い、鯉の青煮さんには、私は先ほどから少々気になる匂いがありました。そうです。淡水魚特有の泥臭さというやつです。
私はこの匂いには特に敏感なものですから、それでは解決いたしましょう、という訳でカバンの中から取り出しましたはジャジャーン！「万能食欲素」!! マヨネーズのチューブからピッピピッピッと青煮さんに掛けてやりました。な、なんだぁ？と奇妙な顔をして私の仕草を見ていましたゲアハルト・シューマッハー氏「それは一体何だ？」。私「万能食欲素だ。万国味覚活性素とも言っている」。シュー氏「効くのか？」。私「食欲活性素に向かって効くのか？とは何事ですか。飛行機に向かって飛べるの？　魚に向かって泳げるの？　と聞くのに等しい」と私は答えまして、その活性素にまみれた青煮を美味しそうに食べました。ところが貴方、それが絶品なんていうもんじゃやない。活性素を掛ける前に比べて信じられないほど美味になっちゃったんです。それもね、長野県北佐久郡御牧村あたりで養鯉されていた佐久鯉が、何ヵ月か清水で泥吐かされ、身も締まって、それを久しぶりに食べた、といった感覚でありました。

その上、活性素は今ひとつの別の力も出してくれましてね。青煮さんにこれを掛けてからというもの、乙女さんの味とも年増さんの味ともとたんに相性が倍加致しまして、いいわよ、いいわよという状態になったんです。モーゼル川を見ながら、こちらも、酔って参りまして気分が乗ってきましたので、得意の「南部牛追い唄」をじっくりとうならせていただきました。

世界中の料理を美味くする味噌ダレ

このドイツでのことのように、私はいつも海外に行く時には、空のマヨネーズのチューブに十本はこの「万能食欲素」を充塡して持参して歩いています。参考までに私の『旅日記』、いや間違い、『食日記』の中から、この万能食欲活性味噌ダレが特に似合った料理と酒について幾つか挙げておきます。

挽き肉料理「ムサカ」に活性素を掛け、ワインは「カステル・ダニエルス」のドライタイプの赤（ギリシャ）。豚の血の腸詰め料理「レイエノ」に活性素を掛け、トウモロコシの酒「チチャ」（ペルー）。「バミー・ヘン」という焼きそばに活性素を掛け、酒はインディカ米でつくった焼酎（タイ）。ウナギの燻製に活性素を掛け、「ピキシー」という名のジン（オランダ）。その他多数。

この活性味噌ダレを持ち歩いての海外旅行中、モロッコのラバトという海の街で太刀魚の煮物が出たので、すかさずそれに掛けて食べたときの美味さは忘れがたく、その地で一首読んだのが『食日記』に書き残してあったので、披露しておきます。

楽しみは異国の地にて味噌なめて
酒飲み料理食べている時

地球をオープンにする

「水音焼き」とは何でしょう？

そこのメガネのお父さん、「水音焼き《みずおと》」って聞いたことあります？　ない！　ではこっちの痩せぎすのお父さんは？　おや、これまたない！

では私から説明いたしましょう。料理の一種です。水の音というのはいろいろありますね、たとえばゴウゴウという激流の音、ドドーという滝の音、春の小川はサラサラ行きます細流の音、寄せては返す波の音。その水の音を題材にしたのがこの料理なのです。

「水の音など食えるもんか」と言っているそっちの太ったお兄さん、そ、その通りです。食べれる筈ありませんねえ。実はね、音を食うんじゃなくて、音を聞きながら食べる料理なのです。

風流料理の一種とでもいいますか、春の新緑の下や秋の紅葉の中で、水の音を聞きながら御馳走に舌鼓を打ち、酒の芳香に鼻をうごめかし、微醺《びくん》に頭を痺れさせるわけなんです。川ですと材料は山女《やまめ》、岩魚《いわな》、鮎など、浜辺でありますと小鯛、鰺、伊佐木などがよろしい。

川原のとっておき料理法

渓流釣りに連れていってくれたのは、御存知八溝の義っしゃんでした。場所は茨城県久慈郡大子町大字八溝口小字蛇塚《へびつか》字稗原《ひえつぱら》。そりゃ地名だけでもゾクゾクしますが、何せイノシシ山の八溝山から湧き出る水が、久慈川の上流となって清き渓流をつくっている地点でありますから素晴らしい。川の水は手ですくってそのまま飲んでも甘くて美味。空気を肺の奥まで深く吸い込んで吐き出すと、都会生活で汚れた肺臓の大掃除にもなるところです。

さすがの義っしゃん、小一時間の間に岩魚六匹を釣りあげ、いよいよ水音焼きをしてくれました。川原の砂地に移った義っしゃん、そこいらの砂をなにやら掌でピタピタと叩いていましたが、「ここがいかっぺ」と言って、そこに直径三〇センチぐらいの円を描き、穴を掘り始めました。あちこち叩いていたのは、掌に少し水気が付くくらいの湿気を含む砂地を探していたからだそうです。

そして、深さ二五センチぐらいまで掘ってから、今度は山の斜面に上って行って隈《くま》笹《ざさ》や葛《くず》の葉を集めてきました。それらの葉を穴の底に敷きつめて葉床をつくってから、腸《わた》付きのまま岩魚にパラパラと塩を振り、砂が付かぬようにして葉床の上に一列に並べました。その魚の上にも葉っぱを何枚も被せ、さらに掘り返した時に出た砂をその葉の上から三センチほどの厚さにかけたのです。

表面を平らにならしてから、その上に杉葉や松葉の落ち葉、乾いた流木などを集めてきて堆積《たいせき》し、火を放って焚火をし、その間、熱く燗をした酒を飲んで待ちました。燗酒と申しましても、生の孟宗竹で拵えた竹燗器に地酒を入れ、それを焚火の周りに突き刺して燗をしたものですから、一段と野趣味と風流さが加わりまして、ヨカヨカチンチンヨカチンチンチンといった具合に燗上がりいたしました。

風流のはずが抱腹絶倒に！

川の細流の音が誠に爽やかで、そして地元の名酒「一品《いっぴん》」の純米酒でありましたので、振り鉢巻ニッカのズボンの義っしゃん、肝心のうまい肴が出来上がる前に自分が出来上がりはじめまして、昔、美空ひばりが元気で歌ってました「やくざ若衆祭り

♪　神田明神スチャラカチャン、チャンチキおかめの笛太鼓……。

私も義っしゃんも、かなり酔っ払いましてから待望の肴が頃合いということになりました。注意して砂をかき分けますと、被せた葉が蒸されていていい匂い。

魚を上下の葉に挟んだままの形で、そっと上に持ち上げて取り出しますと、あらあら、魚は実に妙なのですが生きたままの光沢で、香味のよい塩蒸し焼きになっていました。

耳から水音、片手にグラス、口に旨酒、目に自然、鼻から蒸し香で心は陶酔。いっしょに付いてきた義っしゃんの弟なんかは、その美味さにびっくりしたのか、酒の酔いのためなのかよくわからなかったのでありますが、足をすべらして清流にドブンと頭から浸かってしまい、ずぶ濡れネズミになってしまいました。

風邪をひくというので、着ていた服を全部脱いで、丸裸になって、焚火の周りでブルブルと震えていやがる。つい今し方までは、「ああ、風流だなあ」なんて感動していた私でしたのに、突然目の前にチンポコぶら下げてガタガタ震えている奴が現れたのですからこれにには参りました。

八溝ブラザーズの兄の方は、まだ元気に「チャンチキおかめ」を歌いながらグビグビと飲っている。弟の方は服が乾くまで焚火から離れられないから、仕方なく震えながらも裸で熱燗飲んでいる。風流な水音焼きが突然グロに変わったので、私は塩蒸し魚を二匹と酒を手に持って近くの岩場に退散。いやはや水ぬるみだした新緑の八溝山麓は抱腹絶倒、満腹八倒でございました。

パプアニューギニアの感動料理

文化人類学とか民族学ではですね、土に穴を掘って、そこに食材入れて蒸し焼きにする料理法を「アース・オーブン」というのです。つまり「地炉」ですな。誠に妙味のある名称です。

パプアニューギニアの南部に住む高地人ウォラ族を訪れたことがありますが、その時彼らは、私どもの歓迎会を開いてくれました。そこで見たアース・オーブンが実に感動ものでしたなあ。

普通、家族で使うのは小さなネイ・サウェイ（彼らの言葉で地蒸し釜の意味）を使いますが、大勢のときは大きな方を使います。直径九〇センチ、深さ三〇センチもあって、内側に石を敷いたり張ったりしてあります。そこに野生のキャベツの葉、実はこれが大変に大きいのでびっくりしましたが、これを敷いてからそこに豚肉の切り身三十枚、サツマイモ十五本、ジャガイモ十五個、玉ネギ十五個、葉野菜一・五キログラム、料理用青バナナ十五本を入れてからその上を再び野生キャベツの葉で被い、その上に石をびっしりと敷きつめてから太い木を燃やし続けて蒸し焼きにするわけです。

酒は日本から、芋焼酎を小瓶に小分けして持っていったのを飲りました。それが非常にアース・オーブンの料理に似合い、絶妙でした。とにかく南の熱帯の方に行く時には、発汗作用をうながすためにアルコール度数の高い蒸留酒を忘れてはいけません。汗がどっと出て、清々しくなり、身も心も爽快になります。

中国の奥地で鶏料理発見!!

中国の雲南省は有名なきのこの産地であります。省都の昆明市に行きますと、秋口にはどんな市場にも、また街道筋でもきのこを売っています。

とにかく、昆明空港を一歩外に出た時、子供たちが道路の側できのこ売りをして小遣い銭を稼いでいるのを見て感心したことがあります。

その昆明から、貴州省の省都貴陽市に雲貴《ユンコイ》高原を抜けて自動車の旅をしたことがありました。直線距離は四五〇キロメートルほどでしたが、それはそれはもの凄い山岳道路で、実質は六〇〇キロメートルはあったと思います。こういう山の中を抜ける時には、何といっても楽しみはひとつで、昼と夜の飯であります。とにかく通過する村々を、目を皿にして見ていまして、めぼしい料理店（店といっても、道路に面した家の軒先に、埃《ほこり》にまみれた食卓《テーブル》が一つか二つ置いてあるようなところ）を見つけては食事をしたわけです。

で、昆明市を出て三日目の昼。もう貴州省内に入ったところの峠の頂上に小さな村があり、その村に昼ごろ差しかかったものですから、徐行して飯屋はないかと車の中からキョロキョロしてましたら、ありました。「菇包蒸鶏《グーパオチヨンチイ》」と小さく書いてある店が。つまり、菇とはきのこのこと。鶏をきのこで包んで蒸した料理で、この村の名物だということでした。

これはしめた！　と思い、早速入って注文したらば、主人も天晴《あつぱれ》な奴で、こちらが日本人旅行者であることを直ぐに計算して、「蒸し上がるまでに時間がかかるので、まあ酒でも飲んで待っていることですなあ」などと、まるで評論家のごとき対応でありました。ところが御主人、いいものを見せてくれましたので、その店がとたんに気に入った。料理のすべてを見せてくれたんです。

地下室からパイプが！

羽毛をとって丸裸にされた鶏の内臓を抜き、その空洞になった体に何種類かの茹を混ぜ合わせて詰め、そこに刻んだネギやニンニクも入れ、調味の酒も入れてから糸でていねいに縫いつけました。次に、その鶏を竹製の大きな蒸し器に入れ、その周りをふんだんに茹で被ってから、その蒸し器を持って裏の方に行くのです。私も行ってよいか？　と聞くと来い、来いと手招きするので、私は手に白酒（日本でいう焼酎）の入った盃を持って付いていきました。

すると、地下室《むろ》みたいなところがあり、そこから上に向かって太い煙突のようなパイプが出ている。そのパイプの中に鶏と茹の入った蒸し器をスポッ！　と入れて、そうして地下室の方に消えた主人が竈《かまど》に薪をくべると別のパイプから煙が出てきて、鶏を入れたパイプの方からは蒸気が出てきたのです。面白い構造になっているものですなあ。そして、酒飲みながら待っていると、大きな皿にジャジャーン！　と出て参りましたのが「茹包蒸鶏」でありました。

すごく美味でしたよ、この鶏と茹は。鶏に茹のうまみが、茹には鶏のうまみが染み込みましてね。いやはやまいった、まいったというほどの絶品さでした。そして、「ヤッホー!!」と叫び声を挙げたいほどに素晴らしかったのが、この料理をつっきながら飲んだ貴陽老窖《コイヤンラオチャオ》 大曲《ターチユイ》 酒《チユウ》。アルコール分六〇度という強い白酒でしたが菇と蒸鶏の間に挟まれて丸くトロリとし、いつまでも飲みあきしないのがよろしかった。

さて、菇包蒸鶏という料理、この村を離れてから車中で今一度よく考えてみましたらば、「あっ!」と思いつきました。例の「乞食鶏《チイシーチイ》」の要領なのです。鶏を泥で固めるのを止めて菇で包み、アース・オーブンを止めて半地下室のパイプに入れて蒸したわけなんです。

それにしてもこんな美味な料理、私だけで味わっては申し訳ない。ぜひ一度、捩り鉢巻きニッカのズボンの八溝の義っしゃんをこの村に連れてきて、菇と鶏と酒を堪能してもらい、祭りだワッショイを唸っていただこうと思っています。

黒い酒、黒い肴

黒ビールを飲みたくなる映画がある

『ライアンの娘』という映画がありました。監督はデビッド・リーン。第一次世界大戦後のアイルランドはダブリンに近い海辺が舞台でしたなあ。見る者に愛の素晴らしさと厳しさを教えて、感動させたものでした。主人公ライアンが経営するパブで、村人たちがうまそうに飲んでいた酒がギネス・スタウトビールで、このビールはアイルランドで生まれ育ったものですから、この映画には似合いました。ギネス・スタウトビールの瓶は、映画の中で不倫の恋に落ちていく村娘をじっと見つめていたっけねえ。

新宿の裏町を歩いていたらば、その『ライアンの娘』のビデオテープが売られていましたので、買いまして、二十年ぶりくらいになるのかなあ、再びこの名画を見ました。

見終わったとき、なんだか急に真っ黒いギネス・スタウトビールを無性に飲みたくなりまして、酒屋に走って行って一ダースほど買ってきました。

さて、このビールに似合う肴は何だろうかと思案の挙げ句、考えつきましたのが丸大豆とスルメを使った、私のオリジナル即興つまみ。

つくり方は、丸大豆を焙烙で炒り、表面がやや黒くなるほどになったら、砂糖醤油を上からたらしてからめ上げ、今一度炒り込みます。スルメ一枚の表面に、醤油二、味醂一を混ぜたタレをぬりつけ、三十分してから適宜の大きさに細切りし、薄く油をひいたフライパンでさっと炒めます。こうして炒めた丸大豆とスルメを皿に盛ってから、適当に混ぜ合わせ出来上がりです。

スルメをなぜスルメと呼ぶのか？

黒いビールに黒いつまみ。見た目もよく似合いまする。塩っからめの砂糖醤油で味付けした大豆、醤油と味醂でやや濃い味のスルメときますから食味の方もビールにピッタリ。これを飲み食いしながら『ライアンの娘』を三度見たのですが、よかったですねえ。

ところでスルメの語源って何だか知ってます？　そこのお父さん。「する女《め》」だって？　いや違いますよ。お父さん。なんだかこのお父さんは変なことばかり考えてますねえ。いけませんよ。この助平。

その語源はね、「墨群《すみむれ》」なんだそうです。昔はイカやタコなど墨を吐くものの群れをスミムレと呼んだのがスルメに転じたというわけ。だから干したタコも昔はスルメだったんですねえ。しかし、いつの間にかこちらの方はヒダコになっちゃった。

胃も腸も真っ黒に染まる

黒い食べ物で必ず思い出すのが、石垣島の八重泉酒造の座喜味盛二社長の母君がつくってくれるイカの墨汁《すみじる》ですなあ。いやはやこれがうめえことうめえこと。真っ黒い汁を丼で何杯もお代わりして、名酒「八重泉」のアルコール四〇度の泡盛の古酒をガブガブ飲って、太平洋と東シナ海が合わさる海を見て、気持ちいい酒の汗をビッシリとかいてね。島の唄「月夜浜《ちぃきやはま》」歌って。歯も口の中も、食道も胃袋も大腸も真っ黒に染まるほど啜ってね。

だから翌朝は肛門も、そこから出る大きい方も真っ黒なんです。でありまするから、いいですかそっちのお兄さん、沖縄でイカの墨汁をガブガブ啜った翌日は、トイレに行って大きい方をして、びっくり仰天して失神してはいけませんぞ。

ワインにも「黒」がある⁉

ワインというのは赤か白かロゼの三色ですが、中にはヴァン・ジューンと申しまして黄色いワインも稀《まれ》にあります。では黒ワインはあるでしょうか？　ずうっと向こうのお父さん、いかがですか？　ない？　づづー！　実はある！　がピンポーンなんですよ。

シェリー酒の事は知ってますよねえ。スペインの白ワインで、ブドウを干しブドウ状にしてから石灰を加えて搾って、発酵させ、その酒の表面に膜をつくる酵母で今一度発酵させせて熟成させせた酒なんですが、このシェリー酒に薬草や香草、ブランデー、蜂蜜などを加えてから摂氏五〇度に近い室温に保って強制熟成したのがベーキング・シェリーというやつです。

トロっと甘く、薬用酒が上品に枯れて熟しきったような匂いのする酒ですが、色はブラックコーヒーのような黒です。食前酒として、またナイトキャップとして飲まれていますが、グラスに注ぐとその黒さがニヒルに感じられます。

極めつきは、黒いマヨネーズだ！

そのスペインに旅した時、サンタンデールという海辺の街に行きました。スペインはイタリア、ギリシャと並んでタコやイカをよく食べる国ですが、ここで食べたイカ料理が黒いワインとよく合いました。

イカの腸を袋ごとアンチョビのような魚醬に三日ほど漬け込んでおきまして、それをアルミホイルに包んで焼いたものです。それをバターのようにパンに塗って、ワインの肴にするのですが、こりゃうまかったなあ。

そしてよくよく食卓をみたらば、隅の方に、何やら怪しげな真っ黒い練りものみたいなのが、ぶつ切りしてから空揚げしたイカの輪切りの隣に置いてある。

「こりゃ一体何じゃいな？」と聞いてみましたらば、ジャジャーン！　出ました「ブラック・マヨネーズ」。空揚げしたイカの輪切りにこの真っ黒いマヨネーズを付けて食べろ、ということでした。これ、本当に真っ黒けっけのけ。

どうやってつくったのか聞いてみたらば、イカ腸《わた》の内容物を袋から手絞りにして鍋にとり、その腸に付いている墨腸《すみわた》も指でしごいて墨を出し、それにワインを加えてから完全に火を通し、これが冷めてからほぼ同量のマヨネーズを加えてよく混ぜ合わせて、真っ黒のタレとするとのことでありました。

揚げたイカの黄金色を、この真っ黒の墨腸マヨネーズで妖しく汚しますとき、倒錯性のある人には不思議な官能的感情がわき出してくるような取り合わせであります。あらまあ、あちらのお父さん、「そんじゃ今夜さっそくつくってみっぺ」なんて阿武隈弁出しちゃって、まあ。それはともかくとして、サンタンデールでのベーキング・シェリーとブラック・マヨネーズ、なんだか白亜のイメージの、はたまたペルシャン・ブルーのイメージの強い地中海には不似合いのような気が致しますが、実はバッチリと互いが恋慕致しまして、結構でござりました。

黒龍江で黒魚を食べる

中国の黒龍江《ヘイロンチアン》省の省都哈爾浜《ハルビン》から真北に五〇〇キロメートルほど参りますとロシアとの国境地である愛輝《アイホイ》があります。黒龍江をはさんで川向こうがロシア。そのロシア側から言えばアムール川の川向こうが中国。愛輝には三度ばかり行きましたが、雄大な黒龍江を見ながら飲む白酒には恐れ入るほどの感激を致しました。

三度とも夏に行ったのですが、この川を見下ろす地点まで行きますと、もうそこには蚊の大群が襲って参ります。ある蚊は中国生まれ、別の蚊はロシアで生まれて、国境を飛び越えて、密入国してきたような蚊ばかりでした。あの辺りの蚊は大変に執拗《しつよう》に攻撃をしかけて参りますので注意が必要です。

特に、川を見ながら優雅に酒など飲んで詩吟など唸ったりしていますと、酒の匂いと、私の吐息の炭酸ガスの誘惑によりまして、蚊たちはどっと団体で攻めて参ります。ある時はズボンの上からも激しく刺されまして、宿に帰ってズボンを脱いで、刺された数を数えてみましたらば何と八十八ヵ所やられていました。なんと四国巡礼の霊場の数ほどでございますぞ。

その黒龍江では九〇センチもある巨大な黒魚《ヘイユイ》というのが時々かかります。ちょうど現地に調査に行ったとき捕えたのを見ましたが、チョウザメと巨大ナマズとが合体したような魚で、鱗《うろこ》があまりないような姿でした。それの解体を見せてもらい、御馳走になりました。

ウナギやナマズのように皮が黒いので黒魚というそうですが、料理は皮ごとぶつ切りしてシチューのように煮込んで食べました。脂肪がこってりと乗っているわりには淡白な味が絶妙で、強烈な白酒の中和剤にもなり、実に嬉しい限りでした。

酒は哈爾浜《ハルビン》高粱《カオリヤン》糠白酒《ヌオパイチユウ》と竜浜酒《ロンピンチユウ》で、アルコール度数はいずれも六〇度。酒は白くて魚は黒、心は薔薇色で、空は青。黒龍江畔のいい夏の午後でありました。

とにかく黒が好きだから

それにしても思い出の黒い酒はまだまだ沢山あります。

真っ黒い毒蛇を焼いてそれを肴にジャガイモ酒を飲ったメキシコのフレスニヨの山の中の夏、烏の肉をニンニクとネギと小麦粉で叩き、それに塩を加えてから棒に巻いて焼いた烏の蠟燭《ろうそく》焼き。それを粕取焼酎で飲った八溝山脈の義っしゃんの裏山は秋だった。木炭の真っ黒い粉をまぶしたヤギのチーズを、手と口を黒くしながら食べて、そして飲んだシャトー・カントナック・ブランはマルゴー村の春。

「本当にもっと食べてもいいの？」と少々遠慮の仕草をみせながら、御馳走にあずかった心の中はウハウハウハウハと喜んで黒く光沢《ひか》る本物のキャビアをどんどん頬張って、シャンパンの逸品ブリュットを飲ったワイン通の友人の家は冬だった。

何せ黒が好きなもんですから、水原弘の「黒い花びら」なんていう古い歌の歌詞まで丸暗記しています。さて今夜もじっくりと酒を味わって、鼻歌まじりに歌いますかなあ。

「黒い花びら　静かに散った　あの人は帰らぬ　遠い夢……」

ブタに真実

女肉の衣を剥いで食べる猟奇的料理

一枚の素敵に大きなタオルに包まれた美女が三人のボーイに担がれながら食卓の中央に運び込まれました。タオルの中には仙女の装いをした一人の美姫《びき》が、華やかに笑いながら横たわっています。

彼女の全身に纏《まつ》わっている神々しい羅綾《らりよう》の衣は、一見すると精巧な白地の緞子《どんす》かと思われますが、実はそうではない。ことごとく天麩羅の衣から出来上がっているのでした。そしてこの料理の場合には、美食倶楽部の会員たちはただ女肉の外に付いている衣だけを味わうのです。

さて今度はそこの、メガネさんの隣の痩せぎすのお父さん、この奇妙というか猟奇的とでもいうのか、あるいは異常趣味的な料理の場面を書いた作家と、その物語の題名を当ててみて下さい。

なに、判らない。そうでしょうなあ。では、後ろから三番目のジャンパーを着たお兄さんは？　おや、やはり判らない。では正解を申し上げましょう。作家名は谷崎潤一郎、作品名は『美食倶楽部』の中に収められている「高麗女肉」の段。

それにしても美女に天麩羅の衣をつけさせ、その衣を食べるという悪趣味なパーティーの話、今の世ならとんでもない問題に発展しかねない内容をはらんだ遊びですねえ。「ああ、一度はしてみたいような遊びだなあ」なんて言っている、前から三番目で左から四番目のお父さん、そんな考えはいけませんぞお。

小説に材をとった「高麗豚肉」とは？

さて、私は豚肉が大変好きなものですから、この小説を参考に「高麗豚肉」という肴をつくって楽しんだことがあります。つまり女肉の代わりに豚肉にしたわけです。これですと何ら社会的問題は生ぜず、誠に平和的であります。

豚肉のロースを薄く切り、これを生姜醤油、つまり生姜をおろし金でおろし、それをガーゼに包んで搾り、出てきた汁を醤油に加えたもので、その中に三十分ほど漬けておきます。

次に小麦粉を卵黄でといてこの肉にからめ、通常の天麩羅に揚げ、これを皿に盛ってから天つゆをびじゃびじゃかけます。

そして、その上におろし大根をたっぷりとかけ、さらに大根の上から七味唐辛子をパッパパッパと広範囲に撒きまするると肴の出来上がりであります。

酒の肴で半分ぐらい食って、あとの残りは丼飯の上にぶっかけて、あっという間に胃袋に吹っ飛んで行かせるのもいいのです。

私はこの「高麗豚肉」を肴に飲る時には大概は芋焼酎にしています。芋焼酎というのは、甘い芋の匂いがしっかりと残っている酒でありますので、この酒を飲んでいる間はいつも口や鼻のまわりは芋の匂いに包まれ、それがまたこの大根おろしぶっかけ豚天の匂いと非常によく合います。さらに豚天のコク味と濃厚なうま味とが芋焼酎の辛みにピッタリカンと合致して、「本日は晴天なり」といった気分になれるのでありますす。

これが小泉流オリジナル豚汁だ!

豚肉といえば味噌汁との相性が抜群でありますから、豚汁定食なんていいますする我々庶民憧れの逸品料理が誕生したわけであります。で、私の酒の肴流儀の豚汁の作り方をちょいと教授しておきます。

切り身でもコマでもよいのですが、なるったけ脂身の多い豚肉を大きめの鍋に油をひいてまず炒めます。さらに笹掻《ささが》きしたニンジンとゴボウ、ぶつ切りした生椎茸《なましいたけ》とネギ、手ちぎりしたコンニャク、皮をむいてから適当の大きさに切った里芋も入れて一緒に炒め、その鍋に七分目くらいまで湯を入れ、十分ほど煮込んでから木綿豆腐一丁を手のひらでぐじゃぐじゃに崩して加え、これに田舎味噌系の赤味噌を加えて出来上がりです。

椀に盛り、薬味にネギの微塵切りを撒き、七味唐辛子を振りかけて肴にします。豚汁というよりは豚入り巻繊《けんちん》汁に近く、山形県あたりの芋煮会での豚汁部門コンテストでも上位入賞間違いなし、というほどのものになるのです。

酒は秋田の名酒「両関」の辛口純米酒に燗をつけて飲ってみました。豚汁の濃くてうまい味と、酒の腰の強さが見事に合いまして、またもや「本日は晴天なり」でありました。

白亜の豆腐ホテルにニンジンの赤い花

この豚汁を肴にしてじっくりと飲っていましたらば、何となくスペインのとある港町のリバーサイドホテルに居る気分になってきました。つまり、味噌の黄金色を背景にニンジンの赤、ネギの黄緑、椎茸の褐色、豆腐の白がそういうロマンティックな気分を起こさせたのですねえ。

酒を盃に注いでコピリと飲み込み、目を瞑りますと、スペインのカジスの港町が出て参りました。海に流れ込む川に面して、白亜の豆腐ホテルがあり、その一つ一つの客室のバルコニーにはニンジンの赤い花やネギの黄色い花が咲き開いた美麗な鉢植えが置いてあります。

やがてホテルに夕陽が当たって、やや赤みがかった味噌黄金に染まりだした時、たまらずにその豚汁を啜り込みます。そうすると、豚汁啜ってスペインのカジスの港に居る気分になる。たまにはこういう超夢想主義もよろしいのではないでしょうか。

なんといっても豚料理は沖縄だ

豚を肴に酒を飲ってきて本当に嬉しかったのは何といっても沖縄であります。沖縄は実によく豚を食べます。角煮の「らふてー」や炒めものの「豚チャンプル」などは当たり前として、私が嬉しがってきたのは、耳と足を料理して、それを肴に泡盛を飲ることであります。

まず、足の方は「あしてぃびち」。下ゆでした豚足を、そのゆで汁とかつおダシ汁を合わせた汁でやわらかくなるまで炊き、最後に結び昆布と戻した干し椎茸を入れて煮上げたもの。

耳の方は「みみがーの味噌和え」。耳皮《みみがー》を直火で軽く焼き、毛をこそぎとって美麗に洗う。それをゆでてから繊切りにし、落花生を潰して入れた酢味噌で和えたもの。

この二つを肴にして、泡盛の名酒「八重泉」の古酒四五度をコップに満々と湛《たた》えて、キューと一気に半分ほど呷る。舌、食道、胃袋はたちまち熱くなってジーンと来たところで、まずはあしてぃびちをムンズと手でむしりとり口に入れる。トロリとした皮と、コリコリしたゼラチンから、妙なる甘味がやってきて、ついつい「晴ぁれた空ぁ、青い海ぃ〜」といった鼻歌が出るわけです。

そしてまた古酒四五度をガブリ。今度はみみがーの味噌和えを小さなスプーンでとって口に入れて嚙みだしますと、これまた絶妙なコリコリ感と上品な甘味がみみがーからジンワリと出て参りまして、北緯二六度、東経一二七度付近は本日も快晴、といった気分になります。

快晴で、気分もいいものですから、古酒の七二〇ミリリットル瓶を空け、あしてぃびちもペロリと胃の腑に送り込み、みみがーもすべてコリコリと嚙み砕いて終わりました。するとどうでありましょうか。あれだけ疲れていた体がピンピンしてきまして、気づいた時にはその疲れはすでに遠く東シナ海の果てまで飛んでいってしまっていたのでした。

スペインの台所は豚から始まる

豚肉の料理で思い出すのは、スペインのカスティーリャ地方に行った時、農家で出くわしたもののことです。

スペインの農村では、「台所の一年はマタンザで始まりマタンザで終わる」といった俚諺があるほど豚をよく解体しています。マタンザ（matanza）とは豚の解体の意味です。

ある農家に行ったらば、そこの主人、

「これから隣の家のマタンザを手伝いに行くのでついて来い」

というので、私も鼻の穴おっぴろげて、そこから熱い吐息を吹き出しながらついて行きました。マタンザの時は、隣近所や親類、友人たちが手伝いに行き来するのが決まりだそうで、豚を殺してから血を抜き（血は腸詰め用にとっておく）、毛焼きをし、その後、解体していました。

ワイワイガヤガヤ言いながら実にテキパキと分業して、さまざまな部位に切りわけて保存用に加工しています。

解体作業中の昼食には、全員で豚の内臓を煮込んだものと、「屠畜日のパン屑《くず》」(mingas de matanza) を食べたのには感激でした。これはどの家のマタンザでも行うそうです。パン屑を、厚切りのベーコンと共に採れたばかりのラードで炒めたもので、面白いことに、このパン屑は、農家の主人や友人の男たちが前の晩にサイコロ状に切っておいたもので、この仕事も男がやらねばならないそうです。

中国の味をスペインで試す

解体して得られた肉はベーコンやソーセージ、塩漬けなどにしますが、私はロースの部分を塊で切ってもらい、それをたこ糸で堅くしばってから塩ゆでをし、ゆで上がったものを水に直ぐ入れて冷やしました。それを薄切りして皿に盛り、持参した醤油に酢を加えたタレをつくって食べました。

つまりゆで豚です。中国の成都《チョントウー》市で、この上ないほど美味なゆで豚「白切肉《パイチエロウ》」を食べたのが忘れられず、舞台をスペインに移して食べてみたのです。酒はその農家の台所にあった超辛口の手造りワインをもらい、ガブガブ飲りました。

私がゆで豚を肴にワインをガブ飲みしているのをみて、解体作業中のおじさん、おばさんが代わるがわるやってきては私をからかって行きます。横から手を出して私のゆで豚を一枚失敬したおとうさん、酢醤油につけて食べたのはいいのですが、「なんだこりゃ」って顔して、また私のところに走ってきて、今度は私のグラスに入っている手造りワインを盗っていってしまいました。

陽気なスパニッシュたちでありましたなあ。スペインの農家の庭先でゆで豚を酢醤油に付けてそれを肴にして、ドブロクのようなワイン飲んで、へベレケになって、その夜に見た夢は宮城県の金華山沖の船上で鯨を肴に粕取り焼酎飲んでいる私の姿でした。

リンゴは「狂った果実」か？

アップルはリンゴとは限らない

お父さん、今日はリンゴのお酒の話ですよ。リンゴ。リンゴって知ってますよね。そう、リンゴの木になる果物。ひばりのヒット曲「リンゴ追分」のリンゴかって？そうですよ。あのリンゴの話です。

禁断の果実を食って、男はアダムス・アップルを喉につけてしまいましたね。昔はね、西欧では丸いものをみんな「アップル」といったそうです。喉ぼとけ、サクランボ、ジャガイモ、トマト、アボカド、そしてカボチャまでみんなアップル。ですから神話に出てくる「黄金のリンゴ」などという表現も、実はオレンジかレモンであった筈だというんです。

つまりね、『パリスの審判』や『アタランテのつまずき』に出てくる黄金のリンゴは、ゴールデン・デリシャスなんかじゃなくて、実はみなオレンジかレモンだったというんですなあ。

イギリスで高倉ケンと酔いつぶれる

で、そのリンゴの酒を飲った思い出は数えきれないほどあります。ずっと前のことですが、友人の英語教授、高倉賢（健でないところが少々残念でしたなあ）さんがイギリスのサセックス州に短期遊学していた時、彼のアパートに三日ばかり転がり込んでいたことがあります。夜になると、買い込んでいたご当地のアップル・ワインを連夜飲りました。

酒はメリー・ダウン社の醸造でアルコール一二パーセント、ドライとミディアム・スイートの二種を用意いたしましてガブガブ飲みました。何せ安い割には非常にうまいアップル・ワインですから、酒豪の二人にかかっちゃ砂漠に流れ込む川のようなもので、あっという間に吸い込まれて消えてしまいました。

すぐにもの足りなく感じまして、ジンを加えてアルコールを補強したものを炭酸水で割って飲り出したのがいけなかった。飲んでいるうちに二人とも目がくるくると回りだし、足もとがふらつき、呂律《ろれつ》が回らなくなりました。

そのうちに、高倉賢さんは、ここがイギリス国であるというのに、声高らかにアメリカ合衆国の国歌を英語で独唱しはじめました。しばらくして、酒宴の途中で訳がわからなくなり、ピタリと記憶が切れて、何だかやたらに喉が渇いたなあと思って目を覚ましたらば、私はテーブルの下に転がっていて、賢さんは見当たらない。

私はフラフラしながら、賢さんやーい、と捜しましたら、いました、いました。そうとう吐き続けて、吐くのに便利なようにと考えたのでしょうか、トイレの便器に顔をもたれかけるようにして転がっているのでした。

私はその夜、恐ろしい夢を見ました。リンゴ畑で迷っているうちに、木からリンゴがどんどん降ってきて、私に襲いかかってくるのです。

シードルはサイダーにしてサイダーにあらず

一転して、シードルでは美酒の雰囲気をじっくりと味わったこともあります。シードルって何だか知ってますよねえ、そっちのお兄さん。ええっ？　犬の種類ですって？　いやはや驚いたなあ。あれはプードルではないでしょうか。シードルとはリンゴ酒のこと。

しっかりして下さいよ。仏語でシードル、英語ではサイダー、ドイツ語ではツィダー。

サイダーと言っても、日本の三矢サイダーやラムネのようなものとは全く違います

ぞ。リンゴを原料にして、ちゃんとアルコールが含まれているお酒です。発泡性と非発泡性があって、アルコール分は二〜八パーセント。アルコールが弱いので、西欧諸国では清涼飲料として扱うところもあり、アルコールが一二パーセントもあるアップル・ワインとは区別しています。

安くて美酒が多いのがシードルの強み。中でもとびっきりのいい酒に出合った時など、すごく得をした気持ちになれる酒なのです。

で、嬉しくなっちゃったのがブルターニュのドマーニュ村で醸された「シードル・ブーシェ・クリュ・ブルトン」。さわやかな辛口なので、ギンギンに冷やして、昼食に飲りました。お伴はクレープに限るというので、それを食べましたが、やはり実によく似合いました。

クレープの風味にシードルの辛みが口の中で上手に絡み合いまして、こりゃたまらんわ、でした。

八十五年前のリンゴの香りが残っている酒

同じフランスで、あまりの香りの凄さにひっくり返らんばかりとなりましたのはカルヴァドスでありました。あっちのお父さん、カルヴァドスって知ってますよねえ。そうそう、アップル・ワインを蒸留して、ブランデーのようにした酒ですねえ。よくできました。

ある時、八十五年も前に造られたという幻の逸品を飲まされたことがあります。ところがびっくり仰天！　開栓して、ブランデーグラスに酒を注ぎましたらば、何と何と、新鮮なリンゴの芳香が起ち上がってくるのです。八十五年前のリンゴの香りが、熟成香の中にちゃんと芳しく生き残っていて、発散してきたのです。

まあ、御馳走になったとはいえ、そんな凄いカルヴァドスばかり味わっていたらば罰が当たりますので、本場に行った時には、美味で芳香が起って、そしてなるべく安い酒を選ぶようにしています。

そこで行き当たったのが、ペイ・ドージュ県ポン・レヴェック村にあるブラール社の「ブラール・フィーヌ」。この酒は、実によく熟成しているのですが、じっくりと味わってみますと、やっぱりリンゴのフルーティな匂いがしっかりと生き残っているのですねえ。

外で安い定食食ってきて、安いホテルのうす暗い一室に戻ってきて、ノルマンディーはカマンベール村のコクのあるチーズを肴に嘗めるようにして味わったカルヴァドス。酒から来る上品な香味と、チーズから来る嬉しい風味とが一体となって、双方とも役者が悪くありませんから、実にいい妙技を口の中で絡ませながら見せてくれまして、こりゃほんまにちんちんかもかも、っていう趣きでござりました。

オリジナル料理「狂った果実」とは？

私の家に先日、例の八溝の義っしゃんが巻脚絆《まつきやはん》に地下足袋姿でやって参りまして、「一杯飲ませてくんねえべか？」と言うか言わないうちに上がり込んできて、一人で冷蔵庫から大吟醸酒「羅生門」の龍寿ってやつを引っぱり出して飲り始めました。とっておきの酒なので、冷蔵庫の奥の方に隠していた名酒なのですが、義兄貴《よしあんにや》にかかっては無理でした。

「あのな、お土産担いで来たから外に置いといた。畑から持ってきたんだあ。後で食ったらいいかっぺ」

外に出てみますと、裏口の木戸の前に大きな段ボール箱があって、中を見ましたらばリンゴとジャガイモがごっちゃになって入っていました。ライスカレーでもつくって食べなんしょ、っていう訳なのでありましょうか。

さて、そのリンゴで義兄貴に「狂った果実」という私のオリジナル料理をつくってやりました。

リンゴの皮をむき、餃子の皮に包まるぐらいに細かく切る。リンゴの半分ぐらいの量のチェダーチーズも繊切りにしてリンゴと混ぜ合わせる。これに多めの胡椒を振り、さらに少々の塩、うま味調味料を加えてからさらによく混ぜ合わせ、これを具とする。この具を餃子の皮の中央にのせ、皮の周囲に水を塗って縁を押さえる。これを中温の揚げ油でこんがりと揚げて出来上がり。

ずっと昔、石原慎太郎の小説にこの料理と同名の映画がありました。主演は弟の裕次郎、相手役はその映画の後に奥さんになった北原三枝。私は当時中学校の三年生ぐらいじゃなかったかしら。刺激が強かったなあ。映画見終わってから家に帰るまでの道中、何だか頭の中が空洞化したみたいに目の前が真っ白になってね。映像に合わせて、官能的な旋律の主題歌がさらに胸をキュンとさせたりして。特に三番目の歌詞が妖しかったものですから、今でもよく覚えています。

♪　潮の香も匂う岩かげに交す

くちづけもその束《つか》の間《ま》に
消えてゆくと知りながら
せめて今宵　いつわりの恋に
燃えあがり散ってゆく
赤い花の実。

いいですなあ。ずいぶんませた中学生だったんだなあ、この俺は。

三ヵ国にまたがる妙味を楽しむ

さて、映画のことはそのくらいにして、餃子の皮に閉じ込められたリンゴとチーズ、油で揚げられたので狂ってしまって、フニャフニャになるのですが、実はそれが一風変わった妙味で食べられますから驚きなのです。その食味、三ヵ国の味が致しましてな、つまり茨城県八溝産無名リンゴ、イギリスのチェダー村のチーズ、餃子は中国。八溝無名リンゴからは芳香と快い酸味、チェダー村からはやや猥褻的な匂いとヌメリとしたコク味、福州《フーチョウ》か厦門《シアメン》の裏街を思い起こさせる餃子の皮の焦げた匂いと庶民的な味。

どうです、そこのお父さん、この「狂った果実」というリンゴ料理、一度食べてみたくありませんか？　一口食っただけで、もうブリテンと八溝山脈と東シナ海が口の中ですぞ。この三国にまたがる料理を義兄貴に出してやりますと、一口食べてから、「ややっ！　これは俺が烏魯木斉《ウルムチ》で食った餃子と同じだ」、などと訳のわからぬことを言って、喜んで食べ始めました。

でも、よく考えてみますと、烏魯木斉には野性的なほど酸味の強いリンゴもありますし、哈薩克《カザフ》族は南山牧場で羊のチーズをつくってますし、餃子の皮もあるでしょうし、義っしゃんは地球上のどこでもヒョッコリと顔を出す人ですから、きっと本当なのかもしれません。

リンゴの流行歌をいくつ知っている？

私に言わせれば「狂った果実」、義兄貴に言わせれば「烏魯木斉餃子」を肴に、その日は手持ちのシードルを飲み、馬鹿話をしながら楽しく飲りました。義っしゃんは、すごい物知りで雑学者です。

彼が「リンゴに関する流行歌をいくつ挙げられるか？」というので、私は「リンゴの唄」と「リンゴ追分」だぁと声を大きくして答えますと、義っしゃん、「それ二つだけか。もっとある、もっとある」と言って、「リンゴ村から」、「リンゴ園の少女」、「りんご花咲く故郷へ」、「リンゴの花は咲いたけど」、「リンゴ花咲く丘」、「リンゴの花咲く並木路」、「リンゴ小唄」「リンゴ娘の御下髪」などと、次から次に挙げたのにはびっくりしてしまいました。

そのうちに、私の書斎からカルヴァドスまで引っぱり出してきて本格的酒盛りになったものですから義兄貴、得意の捩り鉢巻をして、さらにさらに乗ってきました。べロンベロンになって、呂律も怪しくなって、「よおす（し）、そんじゃあリンゴの歌を一曲こくべ！」

と言って立ち上がり、大声で歌いはじめました。

♪　赤いリンゴよ燃え落ちて
　　海を流れてどこへゆく
　　ギターかかえてあてもなく……

おいおい義っしゃん。そりゃ小林旭の「ギターを持った渡り鳥」の曲だよ。赤い夕陽と赤いリンゴを間違うほどですから、こりゃもう義兄貴、リンゴの酒で完璧に出来上がりでした。

エビスキー氏の自慢話

詩人たちがエビにたとえたものは?

十四世紀のフランスの詩人ラブレーは、太陽が出て夜が明けて、鶏がコケコッコーと鳴く夜明けの場面を、実に嬉しいもので表現しています。

「東から顔をのぞける太陽は　空の色を茹でられた伊勢エビのように　黒から赤に変える」

まったくもって嬉しいですなあ。太陽のあの朝焼けの色は、その眩しさ茹でた伊勢エビの如し、というんですねえ。さすが！　偉い！　憎いなあ、コンチクショウ！

こうなると負けてられませんなあイギリスの詩人。なにせフランスとはあまり仲のよくない民族だったのですからね。そこでラブレーの詩をふまえてイギリスの詩人サミュエル・バトラーは、その伊勢エビの色を次のように美しく表現しました。

「太陽はラティス（海神）のひざ枕で　長い眠りをむさぼっていた　そして今　朝の色は　茹でられた伊勢エビのように　黒から赤に変わり始めた」

なんだか後でつくられたイギリス詩人さんの方はフランス詩人さんの表現に似てますねえ。限りなく、というぐらい似てますなあ。まあ、それはそれとして、それ以上突っ込まないことにして、とにかく伊勢エビの色のみならず、エビ全体にわたって、茹であげたり、油で揚げた時の体色というのは、実に鮮やかなものですねえ。生だって、車エビのあの妖しいほどの美しさなどはドキリとさせられます。

日本の古文書にも登場するエビの色

日本文化を代表する歌舞伎衣裳の色の中に「海老茶」というのがありますが、あれは赤茶色の濃い赤紫に黒味のある色のことで、これが明治・大正の女学生の袴の色目として流行したものです。

正倉院の古文書に出てくる依毘染《えびぞめ》は紫にやや赤味を帯びた色。大昔はブドウの実、まあ当時は山ブドウのことをいったのですがね、その赤紫の色をみて「衣比加豆良乃《えびかずらの》実《み》」と呼んでいたほどなんですからね。まあエビは日本人にとっては奥の深い世界を持っているのですよ。

とにかく「海の老《おきな》」と書くほど長命に縁起のよい食べものですから、重宝してきましたわけ。

これまでに、山のようにエビ食ってきて、酒をガブリ、エビをムシャリとやってきたものですから、エビにまつわる素晴らしい思い出は海ほどあります。その中で幾つか強烈に残っているものを、思い出すままに話させていただきます。

神秘の湖のエビは七転八倒のおいしさ

まず、余呉《よご》湖の手長エビ。こりゃ素晴らしいですぜえ。

体長五〜六センチメートルぐらいのやつですが、その生きたものをさっと油で揚げますと、目が抜けてしまうのではあるまいか、というぐらい鮮やかな赤色になります。それにパッパッと塩をふっただけで食う。

口の中に広がるエビの軽くてそして強さのある甘味と特有のコク味。ありゃきっと首のあたりに付いている所謂《いわゆる》エビの脳味噌の仕業と思うのだけれども、とにかく上品なコクがすごくて美味でありますから、その食味にとり憑《つ》かれますと七転八倒の思いとなります。

そうそう、さっきからウトウトとしているロイド風のクラシックなメガネかけているそっちのお父さん、余呉湖ってどこにあるか知ってます？　えっ、台湾ですって？ブー！　とんでもない答えですねえ。間違い！　なんだかウトウトしながら台湾に社員慰安旅行に行った時の夜の夢でも見ていたんとちがいますか。

正解は滋賀県なんです。琵琶湖のちょいと上にある小さな湖で、あまりに静かな湖面は鏡の役割になって周りの山を映していますから「鏡湖《きょうこ》」ともいうのです。神秘な湖ですが、なにせ余呉湖の手長エビは、京都の錦市場に行くと琵琶湖ものなど問題になりません。ものすごく高価で引きとられまして、その行き先は京都や大阪の超一流料亭なんです。

ところが、私しゃ、それを思う存分食べたことがある。うらやましいでしょう、さっきのロイドさん。大学から出向して週二日行っていた財団法人の発酵研究所がこの湖に面して建っていまして、その近くには余呉湖荘という、以前は国民宿舎だった宿があります。そこの腕ききの徳山浩明板長と友人になったもんですから、この宿で酒飲む時にゃ、決まってその手長エビの空揚げを丼にてんこ盛りにして出してくれたんです。

酒は地元の「胡蝶の里」。この酒がまた上品で、香りが良くて、切れ味が素晴らしくて、品質の割には値段も安くて、酔い心地がよいのです。そして手長エビ貪って、胡蝶の里をコピリと飲って、鏡湖を見ながらやっぱり七転八倒してしまったのです。

ベトナムの市場で飲めや歌えや

久しぶりに登場しますが、八溝の義っしゃんとベトナムのホーチミンの街で安くて美味い食堂を探していたときです。

レ・ロイ大通りとハムギ大通りが交差するところにベンタイン市場がありまして、そりゃすごい市場《マーケット》です。乾物、魚、肉、野菜、果物、雑貨何でもありあり。蟻まで売っている。その市場の中には小さな食堂が何百軒とあって、あちこちの店から出てくる調理時の匂いが猛烈に混じり合っている。まあ、義っしゃんと私にしてみれば天国みたいなところですが、そこでいい店見つけたのです。「海老料理専門店」。

頭に捩り鉢巻、下はニッカズボンに地下足袋姿の義っしゃんが先に喜んで入って行ったので、私も続いて入りました。客はかなり入っていたのでありましたが、どうしたことか皆がこちらを見たとたんにクスクスと笑う。よくよく観察したらば、どうやら笑われているのは八溝山地出身の義っしゃんでありました。

そりゃホーチミン市民は笑うはずです。捩り鉢巻ニッカのズボン、地下足袋履いて鼻髭顔ですからね。

ホーチミンさんたちにとっては、見たこともない姿ですからね。そんなことなど一切気にしないのが八溝流捩り鉢巻の義っしゃんなんです。

で、注文したのが「トン・ホゥ（Tom kho）」という料理と「チャオ・トム（Chao tom）」、そして「ゴイ・クン（Goi cuon）」。酒は米焼酎。

トン・ホゥは白エビの揚げもの、チャオ・トムはエビの擂《す》り身をサトウキビの芯に巻きつけて焼いたもの、ゴイ・クンはエビ入り春巻。二人で米焼酎二本空け、気分よく賑やかに酔いました。そして、例によって義っしゃんが始めましたのはどこで覚えてきたのか「エビ擂り唄」という日本民謡なんです。面白がって、すぐにホーチミンさんたちは義っしゃんの周りに集まってきました。

私は「籾《もみ》すり唄」とか「稗搗《ひえつ》き節」なんていうのは聞いたことがありますが、「エビ擂り唄」なんていう民謡、初めてなので、私もホーチミンさんたちと一緒になって義っしゃんを取り囲んで唄を聞かせてもらいました。

♪　わしの生まれは因島あああ〜、
　朝は早よからエビを擂るうううう〜。
何ぼ叩いても　この海老おえぬううう〜、

どこのお倉のねだ海老かあああ〜。
海老をこないて横から見ればあああ〜、
どなたも目出度い年寄りよおおお〜。
恋し小河で鳴く蟬《せみ》よりもおおお〜、
鳴かん蛍が身を燃やすううう〜。
打てど叩けどこの海老ゃむけぬううう〜、
これがひなせの涙海老いいい〜。

あとで聞いたところ、この唄は今はなくなってしまったが広島県や岡山県辺りの昔の民謡だということです。それにしても、民謡大好き飲めば囀《さえず》る義っしゃんの教養度には恐れ入谷《いりや》の鬼子母神《きしぼじん》んん〜でありました。

ベトナム最高のエビ料理の作り方

義っしゃんの囀りに浮かされて、店の奥の厨房から出てきましたのが御主人です。それがまた奇妙なことなのですが、体格といい、鼻髭といい、愛敬の良さといい、義っしゃんとそっくりなんでありました。囀り終わりました義っしゃん、御主人を見

て、酔いの元気さに乗じたのでしょう、

「兄貴、久しぶりだったねえ〜。ここでこうして元気に暮らしていたのか。ああっ、兄弟の久しぶりの対面というのは感動的だなあ〜」

なんて言って、頭に巻いていた捩り鉢巻をスポッと取って、それを御主人の頭に巻いてあげました。これには全員大爆笑。メコンの豊かな恵みの米の焼酎はついに三本目も空になり、四本目に入りました。

三品のエビ料理の中で一番美味だったのはトン・ホゥでした。これを再注文《アンコール》したところ、御主人は義っしゃんと私に、「俺に付いてこい」と手招きするので、厨房に行ってみますと、その料理を作るところを見せてくれたのです。

まずピチピチ活きているエビの頭をはね、背腸《せわた》を除いた尾付きのものの腹部の付け根に包丁を入れ、穴をあける。その穴に尾を差し込んで丸形をつくりました。それをさっと塩水に浸けてから水気を切り、油で炒めたのです。別に頭部から取り出しました脳みそに魚醤油《ニョクマム》を混ぜ、日本の蒲焼き用のタレのようなものにさっとくぐらせて味付けしたものでした。なお使ったエビは大型で灰白色のムッチリとしたエビです。中国語で「パイシア」と言ってましたからきっと白蝦のことでしょう。

酒をガブリ、エビをムシャリで、やっぱりここでも最後は七転八倒でありました。

エビスキーが世界中で食べてきたエビ料理

とにかくエビが大好きで、旧ソ連邦の時代、ロシアのレニングラードでウォッカ片手に甘エビをバケツ一杯も平らげて、ロシア人の通訳に、「本日ただいまよりドクター・コイズミにロシア式の名前を進呈する。その名はムサボリビッチ・エビスキーである。以後、この国に滞在中はムサボリビッチ・エビスキーの姓名を使うように」と言われたほどであります。

韓国で焼酒を飲りながら食べた「芝エビの卵焼《セウジョン》」、つまり除頭脱殻した尾付き腹開きの芝エビに塩や胡椒で味付けし、小麦粉をまぶし、溶いた生卵に浸けてから油で焼き上げ、それを酢醤油で貪った快感でも七転八倒。タイでは「エビのビーフン揚げ」に米焼酎、スペインでは「ガンバの塩焼き（Gambas a la plancha）」を辛口のシェリー、カルタ・ブランカで、ポルトガルではポートワインの辛酒ファイン・ホワイトで「エビと米のスープ（Sopa de camaroa）」を片手に「筍とエビの煮込み（Hmyitkyam）」で八倒。インドでは激しい二日酔いの朝、思い切って食った「エビのカレー（Jhinga kari）」で即回復。イタリアでは「エビの辛味入りトマトソース煮（Aragosta fra Diavolo）」を頬張りながら冷やしたさわやかな辛口のイタリアワイン、「ソアーヴェ・クラッシコ・スペリオーレ」で八倒。南アフリカではケープ・ロック・ロブスターの素焼きを左手に、右手にはご当地の白辛口ワインであるパール・リースリングのグラスを持って七転。アメリカのニューオリンズでは大好物の「ザリガニのスープ（Crawfish Bisque with sloughed heads)」を啜りながらカントリーウイスキーで八倒。

いやはやエビさんたちにはことのほか楽しませてもらいました。そして今日も、ロシア名ムサボリビッチ・エビスキーは事あるごとにエビを貪っているのであります。

ジャガイモと応援団を愛す

蛙のような電話は、誰からだったのか?

「新ジャガを送ったから食ってケロ!」と、何だか蛙が電話してきたような声が頭の中に薄い記憶として残っていた朝。昨夜、外で目いっぱい飲んできて、寝る前に枕元にある電話のベルが何度か鳴って、受話器を取って、「……食ってケロ!」という辺りまでしか覚えていない。一体誰がケロ、ケロと電話してきたのか忘れてしまったのだ。

ところがその日の午後、宅配便が新ジャガを届けてくれたので、「あっ、これかあ。誰が送ってくれたのかなあ」と送り人を見たらば、これまた御存知八溝の義兄貴でありました。

手紙も何も入っていない。ただ、泥にまみれたジャガイモが、段ボールの中にぎっしりと詰まっているだけでした。そのうちの一個を手にとって、水で洗って芋の顔をじっくりと見せてもらったのですが、そいつがまたあ、とんでもないぐらいいい面しているんですねえ。あちこちに深い凹みがあって、握り拳の拳骨ぐらいの大きさがあって、硬くてね。その上、やや青みがかった黄色が美麗でね。そりゃうまそうでした。

応援団が腹を空かせてやってくる！

夕方ごろには、昨夜《ゆんべ》の酒も抜けるだろうから、これから今夜はこのジャガイモ肴に焼酎でも飲るか、と思っていたら、大学の応援団の団長から電話が入ったんですよ。

「押忍《おす》！　顧問でありますか？　団長の増子豊であります。本日、静岡での合宿が無事終了致しまして、団員一同、只今元気で帰京致しました。御報告申し上げます。押忍！」

顧問というのは私のことです。実は私、大学の全学応援団の顧問をしていましてな、それに硬式野球部の部長もしておりましてな、東都大学野球連盟の理事もしておりましてな。そのほかいろいろな役をしていましてな。学生たちには結構顔のきく者でしてな。大学のキャンパスなんかで彼らと会った日にゃ、それこそ五〇メートル先から「押忍！　押忍！　失礼します！」と挨拶されましてな。そりゃ気持ちがいいどころか、少々恥ずかしいといった気も致しましてな。

「おっ！　増子か、御苦労だったたな。今どこにいる？　何、渋谷？　よし、それじゃ副団長と二人で俺の家に来いよ。御苦労会してやるから」

「押忍！　御馳走《ごっつお》さんです。ではこれから伺わせていただきます。押忍！」

彼らは時々私の家に来ては、うまいものの腹いっぱい食わせてもらっていますので、しめしめといって喜んでくるわけです。

ジャガイモづくしにした本当の理由

二人の猛者《もさ》が来るのですから、何か用意しておかねばなりません。しかし、いつも腹空かしてやってきますので、まずは腹ごしらえに何か腹に溜まるものが必要なのです。いきなり飲ませては可哀相です。

そこで、八溝の義っしゃんが送ってくれたジャガイモを主体に食べさせてやることにしました。「よし、今日はジャガイモで凝ってみようか」と考えたのでありました。いや、考えついた、というよりはその方が早く無くなって有難い、と思ったからなのです。

まず、皮むいて茹でたジャガイモを潰してコロッケ状に平たくまるめ、両面に小麦粉少々をまぶしてからバターで焦げ目がつくほどに焼く。

さらに、昨夜食い損ねた、炊いた飯が残っていましたので、それを大きなフライパンに入れ、バターで焼きながら、そこにネギの微塵切りを多めに撒きました。これに、別に焼いておいたタラコ（紅葉子《もみじこ》ともいいますな）をパラパラと手でほぐして加えまして、さらに塩、胡椒、うま味調味料で味を整え、タラコ焼飯をつくりました。

このチャーハンを大きな皿の上に大盛状に盛りましてな、それを上から押して、台形にしましてから、その上に、さきほどの衣無しの焼きコロッケをデン！　と乗せました。そして、その上からまた、焼飯をぶっかけまして、コロッケが見えないようにして、さらに焼飯の上から、パラリパラパラと手ちぎりパセリを撒いて出来上がりとしました。

最高のジャガイモ料理、味噌の搦め和えとは？

これでもまだまだ義っしゃんジャガイモが残っていますので、ジャガイモとワカメの味噌汁もつくっておきました。それでもさらにさらに義っしゃんジャガイモが残っていますので、味噌の搦《から》め和えをつくりました。これは私の得意とする料理で、誠に美味です。

皮付きのまま、ジャガイモをゴシゴシと洗って、凹みのところにもぐり込んでいる泥までよく取り払って、布巾で水気を拭きとり、そのままオーブンで焼きます。大きいフライパンに油をひき、オーブンから上がってきたジャガイモの丸いままをこれに入れて、フライパンを絶えず動かしながら芋を炒めるようにして均一に表面を油で焼きます。程良い頃合いを見て、砂糖、うま味調味料、日本酒でトロトロという程度まで解きのばした味噌を加え、最後は強火でさっと炒めて味噌搦めを行い出来上がりです。

しかし、よく考えてみますと、以上三品は確かにジャガイモは豊かなのですが、肉気が足りない。若者、とりわけ、とび抜けて元気な応援団長と副団長ですので、肉料理も無ければ可哀相です。そこで、急いで近くのスーパーマーケットに走って、外国産牛のサーロインステーキ五枚也を買ってきまして、ポテト付きビフテキの準備も万端調えましたところで、二人の青年将校がやってまいりました。

「押忍！　失礼します！　お邪魔させていただきます！」

と元気に上がってきまして、早速御苦労会と相成りました。

元気でいいですなあ。いまどきの若者には本当に珍しい上下真っ黒の詰襟の学生服。首のところには真っ白いカラー。二人とも精悍で本当にいい顔している。

応援団はエリートである

ここでちょっと、今日の応援団のこと申しておきますが、昔の応援団のイメージや体質とはまったく違いまして、実に素晴らしいエリート的集団なんですよ。そうでなかったら、現代っ子の学生たちが応援団員に付いてこれませんからね。応援活動ができなくなっちゃいますからね。ただし、彼らが今日の一般学生の多くの連中と違うところはね、根性、礼儀、忍耐、純情、情熱などといった、とかく今の若者が失ってしまったものをしっかりと持っているということです。その辺の街で女の尻ばっかり追っかけてる学生や、バイトばっかりやってその金で遊びほうけている学生や、競馬パチンコ競輪なんていうのばかり行って、いつもピーピーしている学生とは違いますからね。

さて、それはそれとして、いよいよ三人でジャガイモ肴に酒宴となりました。酒は北海道産のジャガイモ焼酎に決めました。これをあっという間に一本空けて、ジャガイモ料理食って、次に飲もうということになったのが、私が先日、スウェーデンから買ってきた「スコネー」と「スワルト・ビンバルス・ブランビン」という二種のアクアヴィットです。

アクアヴィットという酒をそこのお父さん、知っていますか？　「どうせジャガイモに関係する酒でやんしょ！」。そ、そうなのです。さすが芋好きで、芋で育ったようなお父さん、正解ですぞお。スコネーは香りがやわらかくて上品な甘みがよく、スワルト・ビンバルス・ブランビンは甘味を感じさせない辛口なんですが、色が黒いのは黒スグリや野ブドウをちょっと加えて飲みやすくしているからなんです。

アクアヴィットに酔い、吟醸酒で意識を失う

さて、飲みましたなあ、その夜も。このアクアヴィットも二本とも空にしましたので、次は私の福島の実家でつくっている吟醸酒が送られてきていましたものですからそれも飲りました。

途中、青年将校らにはステーキを焼いて食べさせたことは覚えています。二人を前にして、フィンランドはアシッカラの町の、湖の魚とジャガイモが美味であったことを話したのも覚えています。二人に「初体験はいつだ、誰とだ!?」なんて変なことを聞いたのもうっすら覚えています。二人に「相馬盆唄」を歌ってやったのもかすかに覚えています。しかし、あとは覚えがない。記憶もない。

はっ！　と気が付いて目を醒ましたのは夜の十一時ごろじゃなかったかしら。ところが私は、ちゃんと書斎の蒲団の上に行儀よく寝ていまして、枕元には水の入ったコップなんか置かれていてね。フラフラしながら応接間、台所などに行って見たらば、美麗に後片付けされていて、食器も洗われていてね。将校二人は消えている。

まさか、「一泊の旅行に行ってくる」と言って、今朝方、私が意識朦朧として伸びているのを横目に意気揚々と出ていった女房と娘が帰ってくるはずはないし。

そうなのです。団長と副団長の二人が、酔っ払った私を寝かせてくれて、後片付けしてくれて、戸締まりして帰っていったんですよ。いやはや有難かったですなあ。ジャガイモなんかよりも、エビかカニ、鮪なんていうのも食べさせてやりたかったなあ。ジャガイモ焼酎や、ストックホルムで買った邦貨にして一本四百三十円也のアクアヴィットなど飲ませるべきでなかったかなあ。せめてキャンベルタウン産のシングルモルト「アーガル・ワラゴン」の十五年ものなんかを舐めさせてやりたかったなあ。

「ジャガタラお米」と名付けた料理

それにしても、八溝の義っしゃんの送ってくれたジャガイモは本当にうまかった。

さて、二人の青年将校に食べさせてやったジャガイモ料理には、実はちゃんとしたポリシィがあるのです。最初のチャーハンコロッケですが、ジャガイモは昔「咬𠺕吧《ジャガタラ》」と書いてジャカルタの古称にしていた。バタビアとも言いましたが、そのうちにオランダの船のことまでジャガタラと言ったんです。で、その船で入ってきた芋をジャガタラ芋と呼び、それが今のジャガイモとなったんです。ところで、そっちのお父さん、「ジャガタラ文《ぶみ》」というのを知っています? 知らない。そうですか。江戸初期、鎖国政策によってオランダ人などの外国人を国外に退去させたとき、一緒に追放された日本人妻やその子供たちが、故国の親戚や知人に送った懐郷の情切々と伝える手紙のことですよ。「ジャガタラお春」の物語なんて、有名じゃございませんか。

まあ、それはそれとして、この料理にはちゃんと名前も付けてあります。ジャガイモとタラコで「ジャガタラ」とし、米も使ったから「ジャガタラお春」をもじって「ジャガタラお米《よね》」という名です。何となく文学的であってそうでもなく、哲学的なようで馬鹿馬鹿しい、そんな料理名なんですが、まあ、我慢して許してやって下さいまし。

味噌の搦め和えの方は、二人の青年将校へのエールと受けとめてやって下さい。ジャガイモがオーブンとフライパンで二度焼かれ、その上、味噌で搦められたりして、いささかサディスティックなほど痛めつけられた料理ですが、社会というものは、とにかくそのような棘で苦しみの多いところなので、がんばりなさいよ、という愛情表現なんです。

　ああ……、今夜も八溝の義っしゃんのジャガイモ肴に酒かあ。早く新ジャガ無くなってケロ！

文庫版あとがき

地球上には実にさまざまな民族がいて、そこにはたいがい酒があります。その酒に似合う肴もある。それを囲んで、言葉は通じないが多くの人たちとことん飲んで、ワイワイ騒いで、嘘八百並べて、大いに笑って、南部牛追い唄か会津磐梯山は宝の山よ、なんてのを捻《ひね》りしてやって、あとは煙《けむ》に巻いてあっという間に消えてしまう。私はそんな酒の飲み方が好きなので、これまで日本は勿論、地球の津々浦々でそのような旅をしてきたのです。

その体験や様子を気軽に書いたのが本書『地球を肴に飲む男』で、初版は今から七年前のことでした。ところが、この本が世に出て直ぐに、出版元は無くなってしまい、以後はほとんど日の目を見ない状態で今日を迎えていたのであります。しかし世の中には、いや出版界には、とても殊勝にして奇特な人がいるものです。この本をぜひ文庫化して再び世に出したい、という有難い言葉を掛けてくれたのが、講談社学芸局の和泉功氏並びに文庫出版部の岩崎卓也氏並びに小塚昌弘氏でありました。従いましてこの御三方は、この本に再度世間の目を向けさせてくれた救世主なのであります。この場をお借りしまして、衷心より御礼申し上げますと共に、三人様の末永き御多幸と御健勝を祈り、盃を捧げさせていただきます。

　さて、私はその後の七年間、それまでよりも足と舌に馬力をかけて、地球を肴に飲んで参りました。活動の主要地点でありますメコン川には五度も行き、その周辺国でありますベトナム、ラオス、ミャンマー、タイ、カンボジアにも何度も行きました。さらにカムチャツカ半島も横断し、カスピ海と黒海の間のグルジア、中国ロシア国境、中国の山岳地帯、モンゴル、さらには香港、マカオにも数度訪れ、遠くフィンランドやノルウェー、スウェーデンにも再度行って、その地に暮らす人達と、酒と肴を前にして、愉快に馬鹿騒ぎをしてきたのであります。

　どこに行きましても、とても楽しい酒宴でした。さまざまな酒を飲み、肴はヘビ、カメ、カエル、トカゲ、虫、野獣と言った珍肴ばかりでなく、キャビア、シシ・カバブ、絶妙に臭い憧れのチーズ、烤羊肉《カオヤンロウ》、ツバメの巣、ヤシガニ、泥ガニ、オマールなどの美味ものも胃袋に納めてきたのであります。私はそれらの酒肴を前にして、いつも涎《よだれ》の失禁状態となり、そして食欲の勃起を繰り返してきたのであります。その辺りのことは、そのうちに本書『地球を肴に飲む男』の第二弾として御報告させていただこうと考えております。いずれに致しましても、これまでの旅を通して、酒と肴は異なった民族をほんのひと時ではありますが、ひとつにしてくれる融合剤のようなものだと思いました。

そして、本書にしばしば登場する八溝《やみぞ》山地に独居する義兄貴《よしあんにゃ》こと、八溝の義《よ》っしゃんとも、この七年間のうちに四度も出合っています。とにかく義っしゃんは冒険心が旺盛で、その上、独り身でありますので行動力は抜群。この広い地球の、とんでもない地点でばったりと出合うことがあります。三年前のことですが、実はロシアのウラジオストク駅に、シベリア鉄道の終点標識があり、それを見に行った時のことでした。当時活躍していた古い蒸気機関車も展示されていたので、私はそれを写真に納めようと、カメラのシャッターを押そうとしたその直前に、「おらも入れてくんにが」（「俺も入れてくださらんか」の意で、八溝弁の小泉訳）と、機関車の前にぬっ！と現われたのが義っしゃんでした。いやはや驚きましたなあ。ところが義っしゃん、ポーズをとって写真撮影を終えた直後、私と毎日会っているような体《てい》で、「うめえサケのスモーグかせてくれるどこあっから、いっそに行ってかねえが？　ウォッカでやっぺ、やっぺ。へぐ行くべ」（「おいしい鮭の燻製《くんせい》を食べさせてくれる処があるから、一緒に行かないか？　ウォッカで飲《や》ろう、飲ろう。直ぐに行こうよ」小泉訳）と誘うのでありました。その時も捩《ねじ》り鉢巻でニッカーボッカーズ（ニッカズボン）姿。愛すべき八溝の義っしゃんは、健在でした。私は、いつか時間ができたらば、この八溝の義っしゃんを主人公にした小説を書いて、直木賞を頂戴しようかと、只今目論《もくろ》んでいるところであります。

ところで、激忙という名の土砂降《どしゃぶ》りの雨に毎日遭《あ》っているほど忙しい私が、一番リラックスできて、気に入っていて、そして心の底まで和める日本国内の旅先はどこかといいますと、それは北海道の釧路市と沖縄県の石垣島であります。つまり、北の大地と南国常夏の地で、随分と極端だなあ、と思われる人も少なくないと存じますが、旅というのはこの辺りに目をつけるのも粋というものであります。夏は酷暑のアスファルト・ジャングル東京から釧路へと逃避、冬の底冷えの時は石垣島へ行って温々《ぬくぬく》と過ごすことが出来るからです。そしてそのような地では酒と肴は不断の付きもので、釧路では一年中、カニ、ツブ貝、キンキン（キチジ）など北の海の魚介を堪能することができ、石垣島では南海の魚介類、とりわけイセエビやハタ（アラ）、グルクン、鮪などを肴に泡盛のオンザロックで嬉しい理由《わけ》です。

そして、何と申しましてもそこに住んでいる友人たちであります。この私こと、「味覚人飛行物体」はとても面白い奴でありますから、直ぐに友人が出来る。面倒臭いことも言わず、野性味を愛し、そしていつも大笑いして、その上、大酒飲みで、馬鹿な話ばかりするものですから、友人たちは私に全く気を使わない。そこが地球を肴に飲む男の特技でありまして、即ち何もかも自分を剝《む》き出しにして、裸になって、そして自然体で、飾らずに賑やかに飲るものですから、あっという間に一体となれるのです。一度しかない人生ゆえに、たまにはこのような体《てい》になれる者こそ、とても幸せな奴だと私は思うのであります。それを見て、飲んで食って騒いで海を見れば、赤く沈んで行く太陽の眩しいこと。そして、明日も眩し過ぎるほどの太陽が私を抱いてくれると思うと、もうそれだけで人生の喜び、生きていることの自覚が感じられるのであります。

ところで、ここで少し本音を述べさせていただきます。親友の作家椎名誠さんが、地球を肴に飲んでいる私を見て、「小泉さんの攻撃する鼻、考える舌、鋭い胃袋、無敵の大腸が世界ときっぱり勝負している」と言って下さった。実はこの言葉は、そのまま椎名誠さんに当《あ》て嵌《はま》ることで、椎名さんは私以上に地球相手に「舌倒」の旅をしているのです。即ち、互いに地球を肴に旅をしている訳ですが、ただ単純に食って、飲んで、騒いでいるだけではないのです。その裏には、深い好奇心と計り知れない冒険心、強い精神力、強靭な体力と脚力などが在って、それを武器に考える舌で旅をしているのであります。その辺りのことを心の隅の方に置いていただき、読んで下さいますと、とても幸いに存じます。

まあ、少しばかり堅い話を致しましたが、そうは申しましてもいつも賑やかに、楽しく、あちこちに飛来して飲んで、食べて参りましたのは事実であります。そこには美酒との出合い、ひどい二日酔い、珍肴珍酒奇食の体験、絶景なる景色、人との出合いと別れ、抱腹絶倒などがあり、正に感動感激感嘆驚嘆の連続でもありました。今般、このような文庫版になりまして、皆々様に再び読んでいただくことになりましたことは、誠にもって嬉しく有難いことであります。本書を、私と同じような旅心を抱かれている皆様に捧げるものであります。

本書は一九九八年二月に同朋舎より単行本として刊行されました。

JASRAC 出0507825-501

|著者|小泉武夫　1943年福島県生まれ。東京農業大学農学部卒業。農学博士。現在、同大学農学部教授を務める。専攻は発酵・醸造学、食文化論。「食の冒険家」の異名どおり、世界各地を訪れ奇食珍食を食す。日本醸造協会伊藤保平賞他受賞多数。著書は『納豆の快楽』（講談社）、『酒肴奇譚』（中央公論社）、『発酵食品礼讃』（文藝春秋）、『食あれば楽あり』（日本経済新聞社）、『食の堕落と日本人』（東洋経済新報社）など多数。

地球《ちきゅう》を肴《さかな》に飲《の》む男《おとこ》

小泉武夫《こいずみたけお》

講談社文庫

定価はカバーに
表示してあります

2005年7月15日第1刷発行

発行者——野間佐和子
発行所——株式会社　講談社
東京都文京区音羽2-12-21　〒112-8001
電話　出版部（03）5395-3510
　　　販売部（03）5395-5817
　　　業務部（03）5395-3615

デザイン—菊地信義
本文データ制作—講談社プリプレス制作部
印刷———豊国印刷株式会社
製本———株式会社上島製本所

Printed in Japan

落丁本・乱丁本は購入書店名を明記のうえ、小社業務部あてにお送りください。送料は小社負担にてお取替えします。なお、この本の内容についてのお問い合わせは文庫出版部あてにお願いいたします。

ISBN4-06-275129-1

講談社文庫刊行の辞

二十一世紀の到来を目睫に望みながら、われわれはいま、人類史上かつて例を見ない巨大な転換期をむかえようとしている。

世界も、日本も、激動の予兆に対する期待とおののきを内に蔵して、未知の時代に歩み入ろうとしている。このときにあたり、創業の人野間清治の「ナショナル・エデュケイター」への志を現代に甦らせようと意図して、われわれはここに古今の文芸作品はいうまでもなく、ひろく人文・社会・自然の諸科学から東西の名著を網羅する、新しい綜合文庫の発刊を決意した。

激動の転換期はまた断絶の時代である。われわれは戦後二十五年間の出版文化のありかたへの深い反省をこめて、この断絶の時代にあえて人間的な持続を求めようとする。いたずらに浮薄な商業主義のあだ花を追い求めることなく、長期にわたって良書に生命をあたえようとつとめるところにしか、今後の出版文化の真の繁栄はあり得ないと信じるからである。

同時にわれわれはこの綜合文庫の刊行を通じて、人文・社会・自然の諸科学が、結局人間の学にほかならないことを立証しようと願っている。かつて知識とは、「汝自身を知る」ことにつきていた。現代社会の瑣末な情報の氾濫のなかから、力強い知識の源泉を掘り起し、技術文明のただなかに、生きた人間の姿を復活させること。それこそわれわれの切なる希求である。

われわれは権威に盲従せず、俗流に媚びることなく、渾然一体となって日本の「草の根」をかたちづくる若く新しい世代の人々に、心をこめてこの新しい綜合文庫をおくり届けたい。それは知識の泉であるとともに感受性のふるさとであり、もっとも有機的に組織され、社会に開かれた万人のための大学をめざしている。大方の支援と協力を衷心より切望してやまない。

一九七一年七月

野間省一

武田泰淳
わが子キリスト
独特の聖書解釈によって生まれた異色のイエス像を描いた表題作に、中国を舞台にした歴史小説二篇を収める。武田泰淳の政治・歴史観を大胆に映し出した傑作集。

伊藤桂一
静かなノモンハン
昭和十四年、満蒙国境の砂漠地帯を血で染めた関東軍とソ蒙軍の死闘。凄惨な戦いの実状と兵士の心理を克明に記録、無告の死者達の悲しみを今に喚び返す戦記名作。

講談社文芸文庫編
日本の童話名作選　昭和篇
明治大正の揺籃期を経て成長した日本の童話に激動の昭和が光と影を投げかけて…川端康成、林芙美子、宮沢賢治、内田百閒、坪田譲治、壺井栄等の名品二十篇収録。

講談社文庫　エッセイ&ノンフィクション作品